马克思主义政治经济学基础理论研究（Ⅰ）

王天义◎著

RESEARCH ON BASIC THEORY *of* MARXIST POLITICAL ECONOMY（Ⅰ）

中国经济出版社
CHINA ECONOMIC PUBLISHING HOUSE
北京

图书在版编目（CIP）数据

马克思主义政治经济学基础理论研究（Ⅰ）/ 王天义著 .
北京：中国经济出版社，2017. 12（2023. 8 重印）
ISBN 978-7-5136-4851-6

Ⅰ. ①马… Ⅱ. ①王… Ⅲ. ①马克思主义政治经济学—理论研究 Ⅳ. ①F0-0

中国版本图书馆 CIP 数据核字（2017）第 224663 号

责任编辑　赵静宜
责任印制　巢新强
封面设计　久品轩

出版发行　中国经济出版社
印 刷 者　三河市同力彩印有限公司
经 销 者　各地新华书店
开　　本　710mm×1000mm　1/16
印　　张　12. 75
字　　数　195 千字
版　　次　2017 年 12 月第 1 版
印　　次　2023 年 8 月第 2 次
定　　价　49. 80 元
广告经营许可证　京西工商广字第 8179 号

中国经济出版社 **网址** www. economyph. com **社址** 北京市东城区安定门外大街 58 号 **邮编** 100011
本版图书如存在印装质量问题，请与本社销售中心联系调换（联系电话：010-57512564）

前　言

马克思主义政治经济学是马克思主义的重要组成部分，“它是马克思主义理论最深刻、最全面、最详尽的证明和运用。”① 它运用历史唯物主义辩证法对资本主义生产方式的产生、发展和灭亡的规律进行了全面系统的分析，同时也科学地揭示了人类社会经济发展的一般规律，特别是社会化大生产条件下市场经济发展的一般规律。它在研究资本主义生产方式的内在矛盾的同时，也对未来社会的某些基本特征和经济运行规律作出了科学的预测和预见。无产阶级政党的“全部理论来自对政治经济学的研究。”② 马克思主义政治经济学的基本原理和基本方法“没有过时，也不会过时，它仍是建设一个美好世界的指导思想。”③ 习近平同志在2015年11月23日主持中共中央政治局就马克思主义政治经济学基本原理和方法论进行的第28次集体学习时强调，马克思主义政治经济学是马克思主义的重要组成部分，也是我们坚持和发展马克思主义的必修课。在今天，无论是研究资本主义，还是建设社会主义，都要以马克思主义经济学基本原理和基本方法作为重要的理论基础。

当然，马克思主义政治经济学并没有终结真理，它总是在经济发展的实践中不断地开辟认识真理的新道路。从马克思主义政治经济学诞生以来的一个半世纪里，世界经济政治形势发生了翻天覆地的变化，资本主义从自由竞

① 《列宁选集》第2卷，人民出版社1995年版，第429页。

② 《马克思恩格斯文集》第2卷，人民出版社2009年版，第596页。

③ 文汇报2002年7月20日刊载了一则消息：新华社记者采访英国2002年马克思主义论坛的组织者约翰·里斯，他说，论坛参加者有5000多人，来自世界各地，大多数与会者都认为，马克思主义没有过时，也不会过时，它仍是建设一个美好世界的指导思想。

争发展到垄断，从私人垄断发展到国家垄断，从国家垄断发展到国际垄断；与此同时，人类追求的社会主义由空想变成了科学，从预见变成了现实，并在实践中不断探索发展的不同模式和不同路径。马克思主义政治经济学作为历史的科学，也必然伴随着时代的发展而与时俱进。

我们认为，学习和研究马克思主义政治经济学，首先要对马克思主义政治经济学的基础理论和方法进行学习和研究，而这种研究要尽可能对马克思主义政治经济学基础理论的思想来源、主要内容、不同理解和现实意义进行探讨。本书就是本着这样的考虑进行写作的。本书是我们承担的中共中央党校马克思主义政治经济学创新和发展研究课题的阶段性成果。

目 录

第一章　马克思主义政治经济学的研究对象

《资本论》是马克思用毕生精力写成的科学巨著，是马克思主义的百科全书，是“马克思理论最深刻、最全面、最详细的证明和运用。”① 本章主要阐述《资本论》的研究对象。

第一节　马克思主义政治经济学研究对象的思想来源

自人类社会产生以来，就存在着经济活动。而最基本的经济活动就是财富的生产和消费。经济学就是研究人类社会的财富生产和消费以及在财富生产和消费中形成的人与人关系的学问。马克思主义经济学也称马克思主义政治经济学，是在资本主义生产方式产生以后形成的。

在西方文献中，最早使用“经济”一词的是古希腊思想家色诺芬（约公元前 430—354 年）。色诺芬在他的《经济论》一书写道，经济活动就是生产财富的活动，财富就是具有使用价值的东西。他举例说，“一支笛子对于会吹它的人来说是财富，而对于不会吹它的人则无异于毫无用处的石头”。而对于不会使用笛子的人们来说，一支笛子只有在他们卖掉它时是财富，而在保存着不卖时就不是财富。可见，色诺芬认为物品有两种用途，一是使用，二是交换。色诺芬认为“最好的职业和最好的学问，就是人们从中取得生活必需

① 列宁：《卡尔·马克思》，《列宁选集》第 2 卷，人民出版社 1972 年版，第 588 页。

品的农业”。使用价值即是财富，农业是财富的源泉，这是色诺芬的观点。后来，亚里士多德认为经济是研究家务的学问。这种观点在欧洲流行了大约两千年。

在古汉语中，经济一词的最初含义是“经国济民”“经邦济世”，即治理国家、拯救庶民的意思。近代和现代“经济”一词，大致有如下几种含义：①指节约或精打细算；②指一个国家国民经济部门或与国家政治权力、文化观念相对应的经济活动总称；③指物质资料生产，以及与其相适应的分配、交换和消费等生产活动；④指经济制度或经济关系。

最早使用“政治经济学”一词的是法国重商主义学者蒙克莱田。他在1615年出版的《献给国王和王太后的政治经济学》一书中，第一次使用政治经济学这个名词，意思是指研究国家范围和社会范围的经济问题。后来许多经济学家都沿用这一概念。例如，1817年李嘉图出版了《政治经济学及赋税原理》，1819年西斯蒙第出版了《政治经济学新原理》，1820年马尔萨斯出版了《政治经济学原理》等，都把自己的书名冠之以政治经济学。1859年马克思出版的《政治经济学批判》，正是对已有的资产阶级政治经济学的批判。

经济学与政治经济学，不仅在西方经济学中是通用的，即使是在马克思主义经济学中也是通用的。西方经济学有四本著名教材：一是1848年约翰·穆勒的《政治经济学原理》；二是1890年马歇尔的《经济学原理》；① 三是萨缪尔森出版的《经济学》；四是斯蒂格利茨出版的《经济学》。它们都属于政治经济学。马克思在19世纪中叶批判资产阶级经济学时，并没有在“政治经济学”或“经济学”的区分上做文章，他强调的是内容和阶级倾向。至于名称，政治经济学和经济学在马克思那里也是通用的。②

马克思指出：“真正的现代经济科学，只是当理论研究从流通过程转向生

① 从马歇尔以后，西方经济学开始较少使用“政治经济学”，但正如马歇尔在《经济学原理》一书中一开头所说的，“政治经济学或经济学是一门研究人类一般生活事务的学问”，政治经济学与经济学是通用的。马歇尔：《经济学原理》，商务印书馆1983年版。

② 卫兴华：《关于经济学在中国发展的几个问题》，《经济学动态》1998年第2期。

产过程的时候才开始。"① 马克思主义经济学的主要思想来源也正是这一时期产生的古典政治经济学。古典政治经济学从 17 世纪中叶开始到 19 世纪初期结束，经历了大约二百年的时间，涌现出了一系列代表人物。马克思指出："古典政治经济学……在英国从威廉·配第开始，到李嘉图结束，在法国从布阿吉尔贝尔开始，到西斯蒙第结束。"② 古典政治经济学在科学上的主要功绩是将研究对象从流通领域转向了生产领域，奠定了劳动价值论的基础，在不同程度上研究了剩余价值的各种形式，并且对社会资本的再生产和流通作了初步的分析和探索。

威廉·配第（1623—1687 年）是英国古典政治经济学的创始人，他最先提出了价值由劳动时间决定的观点，并且在地租的形式上看到了剩余价值的存在，还初步分析了地租的两种形式。配第提出了自然价格、政治价格、市场价格和自然价值四个概念并初步阐述了它们之间的内在联系。在他看来，实际的自然价格是用货币表示的自然价值；自然价值的高低由生产生活必需品的劳动力的数量决定；按实际存在的劳动力计算出来的就是政治价格；以货币来衡量的政治价格就是市场价格。配第认为，市场上经常变动的市场价格的基础是自然价值，而自然价值是劳动的数量决定的。他说："假如一个人在能够生产一蒲式耳谷物的时间内，将一盎司从秘鲁的银矿采出来的白银运到伦敦来，那么，后者便是前者的自然价格。"③ 但是，他没有把价值、交换价值、价格区分开来，没有把使用价值与价值相区别，进而没有把创造价值的劳动和创造使用价值的劳动区分开来，以至于得出了"土地为财富之母，而劳动则为财富之父和能动的要素"④ 的结论。

亚当·斯密（1723—1790 年）是英国古典经济学发展时期最主要的代表人物之一，他在长期的教学实践的基础上，于 1776 年发表了他的划时代巨著《国民财富的性质和原因的研究》。斯密的经济理论所涉及的范围很广，如分

① 《马克思恩格斯文集》第 7 卷，人民出版社 2009 年版，第 376 页。
② 《马克思恩格斯选集》第 3 卷，人民出版社 1972 年版，第 267 页。
③ 配第：《配第经济著作选集》，商务印书馆 1983 年版，第 48 页。
④ 配第：《配第经济著作选集》，商务印书馆 1983 年版，第 66 页。

工、交换、价值、货币、工资、利润、地租、资本等基本经济范畴，以及生产劳动与非生产劳动、社会资本再生产等问题，且有较为系统的论述。但是，斯密在研究方法上却有着一个显著的特点，即二元论，这使他的理论体系在逻辑上具有自相矛盾的二重性质。例如，在价值论上，既有劳动决定价值的正确观点，又有收入决定价值的庸俗见解。他说：“什么是交换价值的真实尺度，换言之，构成一切商品真实价值的，究竟是什么?”他的回答是：“一个人是贫是富，就看他能在什么程度上享受人生的必需品、便利品或娱乐品。但自分工完全确定以来，各人所需要的物品，仅有极小部分仰给于自己劳动，最大部分却得仰给于他人劳动，所以，他是贫是富，要看他能够支配多少劳动，换言之，要看他能够购买多少劳动。一个人占有某货物，但不愿意自己消费，而愿用以交换他物，对他来说，这货物的价值，等于使他能购买或能支配的劳动量。因此，劳动是衡量一切商品交换价值的真实尺度。”① 在斯密这段话中可以看到，他把劳动看作衡量一切商品交换价值的真实尺度。但同样这段话中，他又用能购买或支配的劳动量来衡量商品的交换价值。他认为：“在资本累积和土地私有尚未发生以前的初期野蛮社会，获取各种物品所需要的劳动量之间的比例，似乎是各种物品相互交换的唯一标准。……在这种社会状态下，劳动的全部生产物都属于劳动者自己。一种物品通常可购换或支配的劳动量，只由取得或生产这一物品一般所需要的劳动量来决定。”② 在斯密看来，在资本产生之前，物品交换的标准是获取物品的所需劳动量，即耗费劳动；在资本产生之后，物品交换的标准则是能购买或支配的劳动量。这样，就出现了两种劳动的规定，即耗费劳动和购买劳动决定物品价值的二重价值理论。在对社会资本再生产的分析上，既有资本构成的划分，又提出了一个错误的教条，即认为商品价值只分解为 V+M，抛弃了不变资本 C，从而完全堵塞了正确分析社会资本再生产的道路。斯密理论中的科学因素后来为李嘉图所继承和发展，也为马克思所批判地吸收；其庸俗的见解后来也被萨伊、马尔萨斯等经济学利用和发挥。

---

① 斯密：《国民财富的性质和原因的研究》上卷，商务印书馆 1972 年版，第 26 页。

② 斯密：《国民财富的性质和原因的研究》上卷，商务印书馆 1972 年版，第 42 页。

大卫·李嘉图（1772—1823年）出身于大资产阶级家庭，本人只有两年商业教育的学历。他在交易所赚了一笔钱后就离开交易所从事科学研究活动。1817年，发表了他的代表作《政治经济学及赋税原理》。这部著作对资本主义社会经济问题论述得明确、尖锐、彻底、透辟，所用方法具有一贯性，使其成为古典经济学最完备和最后的体系。李嘉图在经济学上最主要的贡献是他一贯地坚持劳动价值论，并以此去分析其他经济范畴，从而把资本主义关系和盘托出。例如，在斯密看来，前资本主义社会的商品价值由耗费劳动决定，在资本主义社会的商品价值则由购买劳动决定。李嘉图认为，商品的价值决定在任何历史时期都只能是一个标准，他自始至终都用耗费劳动说明价值的决定。他明确指出："我的价值尺度是劳动量。"① "耗费在一件商品上的劳动……是商品实在价值的尺度。……交换价值是由实在价值来调节的，因而是由耗费的劳动量来调节的。"② 他在分析工资、利润和地租时，揭露了工人、资本家和地主三大阶级之间的对立和矛盾。但是，由于他混淆了劳动与劳动力的区别、价值与生产价格的区别，因而造成他的理论体系存在着不能解释的两大矛盾。马克思指出："李嘉图体系的第一个困难是，资本和劳动的交换如何同'价值规律'相符合。第二个困难是，等量资本，无论它们的有机构成如何，都提供相等的利润，或者说，提供一般利润率。实际上这是一个没有被意识到的问题：价值如何转化为费用价格。"③ 由于这两大难题，最终导致古典经济学的破产。

除英国古典经济学以外，值得一提的是法国重农学派的杰出代表——弗朗斯瓦·魁奈（1694—1774年）。1758年出版的《经济表》是他最著名的著作。在这本著作中，他通过图解的形式对社会资本的再生产和流通第一次进行了出色的分析，马克思把这一分析称为"这是一个极有天才的思想。"④ 魁奈对社会资本再生产的分析是从纯产品开始的。他所讲的纯产品，是指农产

① 李嘉图：《李嘉图著作和通信集》第2卷，商务印书馆1979年版，第194页。

② 李嘉图：《李嘉图著作和通信集》第9卷，商务印书馆1979年版，第9-10页。

③ 马克思：《马克思恩格斯全集》第26卷（Ⅲ），人民出版社1974年版，第192页。

④ 马克思：《剩余价值理论》第1分册，《马克思恩格斯全集》第1版第26卷Ⅰ，第366页。

品由于自然力的作用超过生产费用的余额，这实际上就是在资本主义农业生产中，由雇佣劳动者的剩余劳动所创造的剩余价值。因此，魁奈实际上已经“把关于剩余价值起源的研究从流通领域转到直接生产领域，这样就为分析资本主义生产奠定了基础。”① 也为马克思的社会资本再生产理论提供了思想来源。

第二节　马克思主义政治经济学研究对象的主要内容

一、马克思写作《资本论》的最初动因

马克思 1818 年 5 月 5 日出生于德国莱茵省位于德法边境的小城——特利尔的一个文明的家庭，从小受到了良好的教育。在中学时代，马克思就立志选择能为人类服务的职业。他在中学时期的一篇作文“青年在选择职业时的考虑”中曾写道：“如果我们选择了最能为人类福利而劳动的职业，那么，重担就不能把我们压倒，因为这是为人类而献身。”② 由于马克思的父亲是一位小有名气的法律顾问，他非常希望儿子能继承他的事业。于是，马克思在读完中学以后，遵从父命考入了波恩大学法律系，后来转入柏林大学。他在大学虽然学的是法律专业，但是对哲学和历史很感兴趣。1841 年马克思在柏林大学毕业时，以《德谟克利特的自然哲学和伊壁鸠鲁的自然哲学的区别》的优秀论文，获得耶鲁大学授予的哲学博士学位。

那么，是什么原因导致马克思转向研究经济学的呢？这要从发生在 1843 年春天的几件要马克思发表意见的难事说起。第一，关于林木盗窃问题的讨论。按照德国传统习惯，农民可以到森林中捡拾枯枝。但是，随着资本主义

① 马克思：《剩余价值理论》第 1 分册，《马克思恩格斯全集》第 1 版第 26 卷Ⅰ，第 19 页。

② 《马克思恩格斯全集》第 40 卷，人民出版社 1982 年版，第 7 页。

的发展，林木已被地主霸占为私人财产。在这种情况下，农民还能不能上山捡拾枯枝？当时对此进行了公开的辩论。代表地主利益的莱茵省议会颁布了一个法案，规定农民未经允许上山捡拾枯枝为林木盗窃。在辩论中，马克思为了保护农民利益与莱茵省议会展开辩论，发表了题为《关于林木盗窃法的辩论》。但在当时，马克思还主要是从法律方面为农民伸张正义。他说："在贫农阶级的这些习惯中存在着本能的权利感，这些习惯的根源是肯定的和合法的，而习惯权利的形成在这里更是自然的。"① 第二，关于摩塞尔河地区农民状况的讨论。当时，《莱茵报》针对摩塞尔河流域酿造葡萄酒的农民因贫困而破产的经济问题，发表了关于摩塞尔农民生活状况的报道，描述了农民的困苦处境。对这一报道，莱茵省总督冯·沙培尔非常恼火并大加指责。马克思通过自己的实地考察，发表了《摩塞尔论者的辩护》一文，他认为，农民的贫困破产的根源并不在于自然条件和个别官员的失职，而在于普鲁士的官僚政治制度。对这些问题，马克思当时主要是从法律方面进行辩论的。而这些问题在本质上是经济利益问题。因此，为了彻底弄清这些问题，非研究政治经济学不可。这是马克思由法律转向研究经济学的最初动因。恩格斯曾说："我曾不止一次地听到马克思说，正是他对林木盗窃和摩塞尔河地区农民处境的研究，推动他由政治转向研究经济关系，并从而走向社会主义。"② 列宁曾介绍说："办报工作使马克思感到自己的政治经济学知识不够，于是他发奋研究这门科学。"③

二、《资本论》的创作过程

马克思从 1843 年开始研究政治经济学。1843 年 8 月 28 日，马克思在巴黎瓦诺街的一间咖啡屋中与途经巴黎回德国的恩格斯进行了历史性会面，从此开始了这两位伟大的革命领袖并肩战斗的生涯。1844 年上半年，马克思完

① 《马克思恩格斯全集》第 1 卷，人民出版社 1956 年版，第 147 页。
② 《马克思恩格斯〈资本论〉书信集》，人民出版社 1976 年版，第 587 页。
③ 《列宁全集》第 26 卷，人民出版社 1961 年版，第 49 页。

成的《1844年经济学哲学手稿》是一部用哲学的语言阐述经济学内容的手稿。1845—1846年，马克思在同恩格斯合写的《神圣家庭》和《德意志意识形态》手稿中，形成了理解整个社会的系统方法，以及根据这一方法理解的社会整体经济结构，这就是马克思关于唯物史观的方法。马克思在《德意志意识形态》中对唯物史观的实质作了如下的高度概括："从直接生活的物质生产出发来考察现实的生产过程，并把与该生产方式相联系的、它所产生的交往形式，即各个不同阶段上的市民社会，理解为整个历史的基础；然后必须在国家生活的范围内描述市民社会的活动，同时从市民社会出发来阐明各种不同的理论产物和意识形式，如宗教、哲学、道德，等等，并在这个基础上追溯它们产生的过程。"① 这一方法在马克思根据《资本论》第一稿所写的于1859年发表的《政治经济学批判〈序言〉》中作了经典的概括。

由于唯物史观的创立，马克思在政治经济学研究中清楚地认识到了当时资本主义经济关系的本质，这在他1847年冬天在比利时的布鲁塞尔工人夜校所作的《雇佣劳动与资本》的系列讲演中得到了集中体现。而作为马克思19世纪40年代经济思想的总结，就是1848年初马克思和恩格斯合著的《共产党宣言》。

由于参加1848年欧洲革命，马克思遭到驱逐并一度中断了他的经济学研究。1849年8月底，马克思移居伦敦，这里为他的研究提供了有利的条件。马克思后来曾说，英国是研究资本主义生产方式的典型地点②。从1850年8月开始，马克思利用大英博物馆大量的政治经济学藏书和丰富的现实经济资料，再次研读了能够发现的所有的重要经济学文献和以英国为代表的资本主义工业、农业、商业、财政、金融、外贸等现实经济问题，以及土地关系史、科技发明史等相关资料。到1853年底，马克思写出了包括24个笔记本组成的《伦敦笔记》，为《资本论》真正创作奠定了良好的基础和充分的准备。1854年至1856年是马克思生活最困难和身体状况最差的时期，他不得不中断经济学写作计划，而靠为报纸写稿为生。

① 《马克思恩格斯全集》第3卷，人民出版社1960年版，第42-43页。

② 见《马克思恩格斯文集》第5卷，人民出版社2009年版，第8页。

在1857年7月到1858年5月，马克思通宵达旦地总结他的经济学研究成果，写下了一系列经济学手稿，被称为《1857—1858年经济学手稿》。这一手稿对政治经济学的研究对象、研究方法，以及政治经济学理论体系的逻辑结构作了详尽的论述，对劳动价值理论、货币理论、剩余价值理论和资本主义经济运动规律等问题进行了科学分析。这些论述标志着马克思经济理论基本形成。在写作《1857—1858年经济学手稿》过程中，马克思决定分册出版他命名为《政治经济学批判》的宏伟大作。1859年9月，《政治经济学批判》第一分册（包括一个序言、商品和货币、一个导言）正式出版。《政治经济学批判》第一分册的出版，在马克思《资本论》创作史上具有重要的地位。正如马克思自己所说："1. 它是十五年、即我一生的黄金时代的研究成果。2. 这部著作第一次科学地表述了对社会关系具有重大意义的观点。"① 列宁将这部著作与《资本论》第一卷相提并论，认为正是这两部著作使政治经济学"这门科学发生了一场革命"。②

《政治经济学批判》第一分册出版后不久，马克思在自己家里给几十个工人开办经济学讲座，倾听他们的意见并希望工人阶级能够尽早掌握其理论成果。与此同时，马克思开始着手更为重要的《政治经济学批判》第二分册的写作，这一册之所以更为重要，是因为它将要阐述的资本理论"具有决定性的重要意义。实际上，这是全面资产阶级污垢的核心。"③ 自1861年8月至1863年7月，马克思集中全部精力写出了一部包括23个笔记本的近1400页浩繁的手稿，被称为《1861—1863年经济学手稿》，这是《资本论》的第二稿。在这部手稿中，马克思对劳动价值理论、剩余价值理论、社会资本再生产理论、资本主义生产劳动和非生产劳动理论、生产价格理论、地租理论等等都作了极其重要的阐述。在写作《1861—1863年经济学手稿》的过程中，马克思在1862年12月28日致路德维希·库格曼的信中决定把他的著作命名为《资本论》。从1863年8月到1865年底，马克思并没有立即进行《资本

---

① 《马克思恩格斯〈资本论〉书信集》，人民出版社1976年版，第119页。

② 《列宁选集》第2卷，人民出版社1995年版，第417页。

③ 《马克思恩格斯选集》第2卷，人民出版社1995年版，第35页。

论》的最后加工，而是继续写下了一些新的手稿，即《资本论》第三稿。1865年底，马克思完成了《资本论》3卷手稿后，立即投入了对第1卷“最后加工”的工作。经过一年多的紧张加工，1867年3月28日，《资本论》第一卷的定稿最后完成。4月10日，马克思亲自把定稿送往汉堡。1867年9月14日，《资本论》第一卷德文第一版由汉堡迈斯纳出版社正式出版。

《资本论》的出版，“无疑是向资产者（包括土地所有者在内）脑袋发射的最厉害的炮弹。”①《资本论》深刻地揭示了资本主义生产方式发生、发展和灭亡的历史必然性，科学地分析了资本主义制度的内在矛盾，阐明了资本主义必然被新的社会所取代的客观规律。《资本论》不仅是一部政治经济学著作，而且也是一部辩证唯物主义和历史唯物主义的哲学著作。在《资本论》中，唯物史观不再是假设，而是科学地证明了的原理。在《资本论》中，逻辑学、辩证法和唯物主义认识论实现了有机的统一。《资本论》还是科学社会主义的著作，正是由于唯物史观在《资本论》中加以证明的过程中发现了剩余价值，才使社会主义由空想变成了科学。

这里需要特别提到的是，恩格斯对马克思《资本论》的无私贡献。自从1843年马克思与恩格斯会面以后，恩格斯就经常与马克思一起，共同研究一些经济问题，马克思也时常向恩格斯求教，例如，马克思就工厂主如何进行固定资本的折旧与补偿、资本周转对价格的影响等问题向恩格斯请教。恩格斯对《资本论》第一卷中的章节、目录、标题、字句甚至“个别的笔误”，都提出自己的合理建议，而且基本上都被马克思采纳了。如关于“价值形式”一节，恩格斯建议马克思：要“多分一些小节和多加一些小标题”，并且“用黑格尔的《全书》那样的方式来处理”；还建议马克思：“可以把这里用辩证法获得的东西，从历史上稍微详细地加以证实”，等等。《资本论》出版后，为了打破德国官方以“缄默”对《资本论》的封锁，恩格斯连续写了若干评论文章发表在德国的各种报刊上，从各个角度介绍《资本论》的内容、方法和意义。这些评论，打破了学术界和官方的沉默，扩大了《资本论》的影响

① 《马克思恩格斯全集》第31卷，人民出版社1972年版，第542-543页。

和在工人阶级中的传播。在《资本论》第一卷出版前后，马克思曾多次向恩格斯表达无限感激之情。马克思说："没有你，我永远不能完成这部著作。坦白地向你说，我的良心经常像被梦魔压着一样感到沉重，因为你的卓越才能主要是为了我才浪费在经商上面，才让它们荒废，而且还要分担我的一切琐碎的忧患。"①"没有你为我做的牺牲，我是决不可能完成这三卷书的巨大工作的。我满怀感激的心情拥抱你！"②

马克思逝世后，恩格斯为《资本论》第2、3卷以及《资本论》第一卷德文第三版、第四版和英文版的编辑出版工作付出了极大的辛劳。恩格斯于1884年2月开始编辑整理《资本论》第2卷手稿，并于1885年出版。第2卷出版后，恩格斯立即投入到编辑整理《资本论》第3卷的工作中，并于1894年出版。在编辑整理《资本论》第2、3卷过程中，恩格斯克服了晚年"长期视力衰退"和其他一些"无法推卸的工作"（包括指导国际工人运动、马克思和恩格斯以前各种著作的重新出版和翻译等）的拖累，尤其是《资本论》第三卷"只是一个初稿，而且极不完全"，需要付出大量的劳动，有些地方还要整章补写（如第四章），有些需要根据新的情况进行"增补"。正是由于恩格斯无私的出色的工作，才使得《资本论》以全3卷的完整著作得以问世。对此，列宁给予恩格斯以高度的评价："恩格斯出版《资本论》第2卷和第3卷，就是替他的天才朋友建立了一座庄严宏伟的纪念碑，无意中也把自己的名字不可磨灭地铭刻在上面了。"③

马克思主义经济学的建立实现了经济科学的伟大革命性变革。这一变革概括起来，主要有如下几点：

（1）科学地确立了经济学的对象和方法。马克思第一次把经济学的研究对象确定为社会生产方式，重点研究生产方式中人们之间的生产关系。列宁说："凡是资产阶级经济学看到物与物之间的关系的地方（商品交换商品），

① 《马克思恩格斯全集》第31卷，人民出版社1972年版，第301页。
② 《马克思恩格斯全集》第31卷，人民出版社1972年版，第329页。
③ 《列宁选集》第1卷，人民出版社1995年版，第95页。

马克思都揭示了人与人之间的关系。”① 同时，马克思还第一次运用唯物辩证法和历史唯物主义，彻底批判了资产阶级经济学的唯心主义和形而上学，从而使科学的经济学理论体系具有了方法论基础。

（2）创立了科学的劳动价值学说，马克思在批判地继承英国古典经济学劳动价值论的基础上，从分析商品二因素入手，首创了生产商品的劳动二重性学说，彻底解决了古典经济学不能解决的诸如价值实体、价值决定和价值本质等一系列劳动价值论的基本问题；马克思还第一次揭示了价值与交换价值的区别和联系，创立了价值形式学说和完善的货币理论；马克思区分了劳动和劳动力，科学地解决了古典经济学所不能解决的等价交换与价值增值之间的矛盾；马克思从历史和逻辑两个方面阐明了价值向生产价格的转化，科学地解决了价值规律同等量资本获得等量利润规律之间的矛盾，从而把劳动价值论贯彻到底。

（3）揭示了资本主义产生、发展和灭亡的规律性。马克思在科学的劳动价值理论的基础上，创立了剩余价值理论，从而全面地揭示了资本主义的本质和运动规律，揭露了资本主义经济的内在矛盾和无产阶级与资产阶级之间的阶级对立，提出了无产阶级的历史使命，得出了资本主义必然灭亡和社会主义必然胜利的结论。

三、物质资料的社会生产方式以及与之相适应的生产关系和交换关系是马克思主义政治经济学研究的对象

1. 马克思主义政治经济学研究的出发点是一定社会的物质资料生产

1857年马克思在《政治经济学批判〈导言〉》中明确提出了他自己的经济学的研究对象。他在这部著作一开始就写道：“面前的对象，首先是物质生产。”②

---

① 列宁：《马克思主义的三个来源和三个组成部分》，《列宁选集》第2卷，人民出版社1972年版，第444页。

② 《马克思恩格斯选集》第2卷，人民出版社1995年版，第1页。

一定社会的物质资料生产之所以是研究的出发点，是因为它是人类社会存在和发展的基础。第一，人类要生存就需要食物、衣服、住房等最基本的生活资料，这些只有通过物质资料生产活动才能获得。任何社会都不能停止消费，也同样不能停止生产。马克思曾说过："任何一个民族，如果停止劳动，不用说一年，就是几个星期，也要灭亡，这是每一个小孩都知道的。"①第二，只有物质资料生产发展了，政治、文化、教育、科技等活动才能得到发展，从而人类社会才能得到全面发展。可见，物质资料生产是人类社会最基本的实践活动，自然也就成为马克思主义经济学研究的出发点。

把物质资料生产作为经济学研究的出发点也反映当时的生产力状况。在19世纪中期，服务所占比例很小，而且又基本上属于剥削者的奢侈性消费。在现代经济生活中，服务作为第三产业与工业和农业并列，并日益成为社会生产越来越大的组成部分，同时，服务也越来越多地进入劳动者的消费范围。这样，服务领域因其在国民经济中地位的提高而进入了经济学研究的范围。当今的经济学，作为其出发点的生产不仅涉及物质资料生产，也涉及服务产品生产。马克思主义关于物质生产领域中经济关系分析的逻辑和方法，同样可以用于服务领域的经济学研究。

2. 资本主义生产方式以及与之相适应的生产关系和交换关系是《资本论》研究的对象

马克思在《资本论》德文第一版序言中明确指出了《资本论》的研究对象。他说："我要在本书研究的，是资本主义生产方式以及和它相适应的生产关系和交换关系。"② 从马克思上述说明中可以看出，马克思在《资本论》中研究的，一是资本主义生产方式，二是和资本主义生产方式相适应的生产关系和交换关系。从广义上讲，马克思主义经济学所要研究的是历史发展各个阶段上的生产方式以及和它相适应的生产关系和交换关系。

3. 马克思对资本主义生产方式进行的总体考察

每一种经济社会形态都是由多层次的经济活动所组成的丰富的总体，社

---

① 《马克思恩格斯选集》第4卷，人民出版社1995年版，第580页。
② 《马克思恩格斯选集》第2卷，人民出版社1995年版，第100页。

会生产方式就是在这种总体中运行的。马克思在《政治经济学批判〈导言〉》中原则上说明了社会生产方式作为连续不断的过程，表现为生产、分配、交换、消费这些环节的辩证统一。

（1）生产和消费的相互关系。马克思认为，生产是消费的前提，但任何一个社会的生产归根到底都是为了消费，因此，消费是任何社会生产的根本目的。两者存在着对立统一的关系。

两者的统一性表现在：第一，生产和消费具有直接的统一性。马克思指出，生产可以分为两种，即物质资料生产和劳动力生产。物质资料生产过程实际上是人们对生产资料和劳动力的消费过程，因此，生产直接就是消费。消费也可以分为两种，即生产消费和生活消费。消费过程实际上是人们从事物质生产和人自身的生产过程。人们通过对物质资料的消费，生产出了新的产品，通过对生活资料的消费，人生产自己的身体。因此，消费直接也是生产。第二，生产和消费各自创造着对方。生产创造着消费，是因为：生产创造出消费的对象，人们只能消费已经生产出来的东西。生产创造出消费的方式。马克思说，"饥饿总是饥饿，但是用刀叉吃熟肉来解除的饥饿不同于用手、指甲和牙齿啃生肉来解除的饥饿。"① 生产创造出消费者，如生产出汽车，也就相应地出现了汽车驾驶员。消费创造着生产，生产出来的产品只是在消费中才成为现实使用的产品。"一条铁路，如果没有通车、不被磨损、不被消费，它只是可能性的铁路，不是现实的铁路。……一件衣服由于穿的行为才现实地成为衣服；一间房屋无人居住，事实上就不称其为现实的房屋；因此，产品不同于单纯的自然对象，它在消费中才证实自己是产品，才成为产品。消费是在把产品消灭的时候才使产品最后完成。"② 消费创造出新的生产需要，创造出生产的动力，消费把人们的需要再生产出来。

两者的矛盾主要表现在：第一，生产和消费是同一个过程的两个要素，在这个过程中，生产是实际的起点，消费则是这个过程的终点。第二，在一定的社会关系中，一些产品的生产者不直接就是他所生产的产品的消费者，

---

① 《马克思恩格斯选集》第2卷，人民出版社1995年版，第10页。

② 《马克思恩格斯选集》第2卷，人民出版社1995年版，第9页。

产品一经生产出来，就要离开生产，生产者对产品的关系就是一种外在的关系，产品生产的结果是否归它的生产者消费取决于生产条件的分配，即生产资料的所有制形式，即使消费者是产品的直接生产者，但由于消费者不占有生产资料，也就不能直接占有产品，更不能直接消费自己生产的产品。因此，在生产和消费之间，还插进了一个分配环节。

（2）生产和分配的相互关系。分配分为生产条件的分配和产品的分配。在生产和分配的关系上，马克思认为：

第一，生产条件的分配是生产要素的分配，即生产资料所有制形式和由此决定的生产资料与劳动力的结合方式，它是由社会生产方式决定的，归根到底是由生产力水平决定的。马克思指出："一个征服民族在征服者之间分配土地，因而造成了地产的一定的分配和形式；由此决定了生产。或者，它使被征服的民族成为奴隶，于是使奴隶劳动成为生产的基础。或者，一个民族经过革命把大地产分割成小块土地，从而通过这种新的分配使生产有了一种新的性质。"① 为了论证征服者实行的这三种生产方式可能都是一定历史生产的产物，马克思指出，所有的征服有三种可能：征服民族把自己的生产方式强加于被征服的民族（如英国人本世纪在爱尔兰所做的，部分在印度所做的）；或者是征服民族让旧的生产方式维持下去，自己满足于征收贡赋（如土耳其人和罗马人）；或者是征服民族和被征服民族互相作用而产生的一种新的综合的生产方式。这三种生产方式都是一定历史生产的产物，归根到底是生产力发展的产物。法律对生产条件的分配，只起保护作用，而不起决定作用。

第二，生产条件的分配决定产品的分配，即所有制关系决定产品的分配关系。马克思认为，社会各类成员在进行产品分配之前，一定是先有从属于一定生产关系的生产资料和劳动力等生产要素的分配，这种生产要素的分配，决定了生产的社会性质，从而决定产品的分配。在此基础上，马克思说明了资本主义的利息、利润、工资和地租等分配形式都是由资本主义生产方式决

① 《马克思恩格斯选集》第2卷，人民出版社1995年版，第14页。

定的。利息和利润，它们是以资本作为生产要素为前提的分配方式，是资本家凭借他们占有的资本，瓜分工人创造的剩余价值的具体形式；工资是以雇佣劳动为前提的，“在雇佣劳动的场合，劳动作为生产要素所具有的规定性，在工资的场合表现为分配的规定。如果劳动不是规定为雇佣劳动，那么，劳动参与产品分配的方式，也就不表现为工资”；资本主义地租的前提是作为生产要素的大地产。它作为分配形式，是租地农业资本家把从农业工人身上榨取来的剩余价值的一部分，以地租的形式转给大土地所有者。“所以，分配关系和分配形式只是表现为生产要素的背面。分配的结构完全决定于生产的结构。分配本身是生产的产物，不仅就对象说是如此，而且就形式说也是如此。就对象说，能分配的只是生产的成果，就形式说，参与生产的一定方式决定分配的特殊形式，决定参与分配的形式。”①

（3）生产和交换或流通的相互关系。交换包括物物交换和以货币为媒介的商品交换即商品流通，因此，流通本身只是交换的一定要素，或者也是总体上看的交换。生产与交换的关系，也就包含了生产与流通的关系。生产决定交换，表现在：第一，如果没有分工，也就没有交换，而分工只是生产发展的表现；第二，生产的性质决定交换的性质，私人交换以私人生产为前提；第三，交换的深度、广度和方式都是由生产的发展和结构决定的。

（4）生产、分配、交换、消费之间的相互关系。生产、分配、交换、消费四个环节构成社会生产和再生产过程的各个环节，它们表现为一个统一体内部的差别。在这个统一体内，生产起支配作用。一定的生产决定一定的消费、分配和交换以及与这些不同要素相互间的一定关系。而生产就其单方面形式来说也决定于其他要素。例如，当市场扩大，即交换范围扩大时，生产的规模也就扩大，生产分工也就更细。又如，随着分配的变动，随着资本的集聚，随着城乡人口的不同分配等，生产也就发生变动。最后，消费创造的需要也决定着生产。因而，社会生产的不同要素是相互作用的。

① 《马克思恩格斯选集》第2卷，人民出版社1995年版，第13页。

四、马克思主义政治经济学的任务

马克思主义经济学作为研究生产方式及其与之相适应的生产关系和交换关系的科学，它的任务是揭示社会生产方式的本质及其运动规律，即透过生产方式表面呈现的经济现象去揭示经济现象之间的本质联系及其运动的客观规律。

（1）经济规律的特点与层次。经济规律是经济现象和经济过程本身固有的、本质的、必然联系。经济规律与自然规律都是客观规律，因为：第一，它们都不依人的意志为转移；第二，它们“不仅不以人们的意志、意识和愿望为转移，反而决定人们的意志、意识和愿望。”① 经济规律又不同于自然规律，因为，经济规律是在一定的经济条件基础上产生和发生作用的。这里讲的经济条件，包括生产力水平、劳动力与生产资料结合方式、生产关系、市场条件，等等。当某种经济条件发生了变化，与之相关的经济规律也就必然发生变化。根据经济规律所依存的经济条件的不同，经济规律分为三个层次：第一层次是一切社会形态都存在的经济规律，如生产关系一定要适应生产力性质的规律；第二层次是几个社会形态所共有的经济规律，如市场经济规律，包括价值规律、供求规律、竞争规律、价格规律，等等；第三层次是某个社会形态所特有的经济规律，如马克思所讲的，在资本主义条件下起作用的剩余价值规律，在共产主义条件下起作用的按需分配规律，等等。根据马克思的分析，这三个层次的经济规律是相关的。任何一个特殊社会形态都存在生产关系一定要适应生产力性质的规律，这种一般规律对任何一个特殊社会形态的生产方式的发生、发展和向更高的社会形态的生产方式的过渡都必然发生作用，而在任何一个特殊的社会形态中的特殊经济规律都要体现并归根到底都要服从于一般规律。

由于经济规律具有三个层次，经济学就有广义和狭义之分。前者研究一切社会生产方式的运动规律，后者研究特定社会生产方式的运动规律。现有

① 《列宁选集》第 1 卷，人民出版社 1972 年版，第 23 页。

的经济学教科书大都是以特定的社会生产方式为研究对象的，区分为资本主义部分和社会主义部分，各自分析特定的社会生产方式和规律性，而一般又把马克思主义经济学设定为单一研究资本主义生产方式及其运动规律。我们认为，无论是资本主义社会还是社会主义社会都存在某些共同的经济规律，现实的资本主义和社会主义是在空间上并存的两个社会。虽然马克思《资本论》的研究对象是资本主义生产方式以及和它相适应的生产关系和交换关系，但资本主义生产方式是以社会化大生产为基础的，是以市场经济为内容的，因此，这一研究对象本身就包含着对社会化大生产规律和市场经济规律的揭示和分析，马克思主义经济学所揭示的关于社会化大生产一般规律、关于市场经济一般规律的理论，对认识社会主义生产方式的运动规律同样具有重要的理论指导意义。以《资本论》为代表的马克思主义经济学是以资本主义为研究对象的，其对社会主义的某些预测和假定，包含在分析资本主义的框架之中。马克思在100多年前从批判资本主义合乎逻辑地推导出的社会主义社会的某些特征，不应成为今天我们建设中国特色社会主义的教条，而应该成为行动指南。我们不应固守马克思当时提出的某些个别结论，而应该根据中国特色社会主义实践发展马克思主义经济学。

（2）经济规律与经济政策。经济规律是客观的，人们不能改变也不能否定经济规律，但可以认识并利用经济规律，按客观规律办事。对于一个国家、一个地区或一个部门来说，按经济规律办事，是通过具体的经济政策来传导、贯彻和落实的。所谓经济政策，是指政府为实现一定时期内的目标而制定的具有刺激或约束各经济主体活动、协调各经济主体利益关系的一系列行为准则的总和。经济政策是由人制定的，人可以制定它，也可以修改它、废止它。并且，由于国家不同、地区不同或部门不同，做同一件事，政策可以有所不同。而作为经济规律，不管任何国家、任何地区或部门，只要存在着同样的经济条件，它的作用就带有普遍性和稳定性。经济规律不会按任何长官的意志、政府的意志或社会的意志而改变，谁若是想通过政策制定来改变或创造经济规律，最终肯定要失败。因此，将经济政策直接作为马克思主义经济学的研究对象，或者将经济政策直接当作经济规律来研究，都是错误的。但是，由于经济政策直接牵涉到人们的经济利益，它是运用经济规律调节经济主体行为以增进人们普遍的经济利益的，对经济政策及其实行后果的研究，有助于对客观经济规律的发现和运用。因此，以经济政策为研究对象的经济政策学是必要的，也是重要的。但是，马克思主义经济学的任务只能是揭示经济规律，而不是研究具体的政策制定，经济规律的揭示与经济政策的制定属于两个层面的问题，一是基础研究层面，二是应用研究层面。

第三节 对马克思主义政治经济学研究对象的不同见解

马克思在《资本论》中明确指出："本书研究的，是资本主义生产方式以及和它相适应的生产关系和交换关系。"如何理解马克思主义经济学的研究对象，理论界的看法并不一致。有些学者认为，马克思在其著作中所使用的"生产方式"，有时是指生产关系，有时是指生产力，有时是指生产力和生产关系的统一，有时是指生产方法，有时是指生产技术和生产组织等。由此，对于马克思主义经济学的研究对象也就有不同的理解和表述。有的指生产力，有的指生产关系，有的指生产方式，有的指经济利益，等等。如熊映梧教授认为，政治经济学的研究对象就是生产力。离开生产力而孤立地考察生产关系，只能使政治经济学走进"死胡同"，不可能使马克思主义政治经济学有新的突破。①

郭大力在他写的《关于马克思的〈资本论〉》一书中这样解释："《资本论》研究的是资本主义生产方式。其中包括生产关系和交换关系。"他接着进一步解释："应该特别提出一点，马克思在这里只提到生产关系和交换关系，但是没有说到分配关系。这是不是说马克思没有研究这个问题呢？当然不是，马克思在《资本论》第3卷中说：'分配关系不过表示生产关系的一方面而已。'"②

① 参见熊映梧：《经济科学要把生产力的研究放在首位》，载《经济科学》1980年第2期。

② 郭大力：《关于马克思的〈资本论〉》，生活·读书·新知三联书店1978年出版，第7页。

卢森贝在他的《〈资本论〉注释》中认为，马克思这句话中的“资本主义生产方式”是“同一定的生产力发展水平相适合的和总起来形成社会经济结构的单一的生产关系”。而把这句话中的“和它相适应的生产关系和交换关系”理解为资本主义生产关系的具体化，即具体化为“生产的关系和交换的关系”。①

陈征教授在他的《〈资本论〉解说》中对卢森贝解释中的生产方式又作了进一步的发挥。他指出：“社会生产方式，是指在一定条件下生产力和生产关系的统一，但马克思、恩格斯通常把生产方式当作生产关系来使用，把它们当作同义语。这里所说的生产方式实质上是指生产关系，即包括生产、分配、交换、消费这四个环节的广义的生产关系。”②

洪远朋教授在他写的《马克思主义政治经济学述评》中认为，这里所说的资本主义生产方式是从社会经济形态来看的资本主义社会。《资本论》研究的是资本主义社会的生产关系，即资本主义生产关系。他进一步指出：马克思在《资本论》序言中所讲的生产方式是指“社会经济形态”。马克思说《资本论》研究的是资本主义经济形态，而不是别的什么经济形态。他还引证列宁的论述，列宁说，“马克思只说到‘一个社会经济形态’，即资本主义社会经济形态，换句话说，他研究的只是这个形态而不是别的形态的发展规律”。马克思说《资本论》研究的是与资本主义社会经济形态相适应的生产关系和交换关系，实际上就是说《资本论》研究的是资本主义的生产关系。③

吴易风教授对我国目前数以百计的政治经济学教科书中关于马克思主义政治经济学的研究对象加以概括并进行评述。他指出：“我国目前有数以百计的政治经济学教科书。每一本教科书开宗明义第一章都规定：政治经济学是关于生产关系的科学，它研究人们的社会生产关系即经济关系。他说，这个定义的优点是突出了对生产关系的研究，缺点是没有把对生产方式的研究放在应有的地位。从研究对象中排除了生产方式，也就排除了生产关系所包容

① 卢森贝：《资本论注释》第1卷，生活·读书·新知三联书店1963年出版，第34页。
② 陈征：《资本论解说》第1册，福建人民出版社1977年版，第7页。
③ 洪远朋：《马克思主义政治经济学述评》，经济科学出版社2009年版，第2页。

不了的重要经济问题，如资源配置问题。这样，政治经济学的研究对象就狭窄化了。”那么，怎样避免政治经济学研究对象的狭窄化呢？吴易风教授指出，就应当从现今教科书的定义回归到马克思的定义上去。

对马克思在《资本论》中讲的资本主义生产方式以及和它相适应的生产关系和交换关系。吴易风教授认为，马克思关于《资本论》研究对象的规定，是建立在生产力—生产方式—生产关系原理之上的。因为，马克思在 1846 年 12 月 28 日给安年科夫的信和《哲学的贫困》中都讲得很清楚。马克思说到：“随着新的生产力的获得，人们便改变自己的生产方式，而随着生产方式的改变，他们便改变所有不过是这一特定生产方式的必然关系的经济关系。”① 马克思在《哲学的贫困》中也明确说明：“随着新生产力的获得，人们改变自己的生产方式，随着生产方式即保证自己生活的方式的改变，人们也就会改变自己的一切社会关系。”② 马克思在《资本论》中更是明确无误地指出：“对资本主义生产方式的科学分析却证明，资本主义生产方式是一种特殊的、具有独特历史规定性的生产方式；它和任何其他一定的生产方式一样，把社会生产力及其发展形式的一定阶段作为自己的历史条件，而这个条件又是一个先行过程的历史结果和产物，并且是新的生产方式由以产生的现成基础；同这种独特的、历史规定的生产方式相适应的生产关系，即人们在他们的社会生活过程中、在他们的社会生活的生产中所处的各种关系，——具有独特的、历史的和暂时的性质。”③ 根据马克思的论述，吴易风教授认为，《资本论》研究对象，“第一，不是生产力直接决定生产关系，而是一定历史发展阶段的生产力决定和生产力相适应的生产方式，一定的生产方式相适应的生产关系。第二，成为社会的经济结构或经济基础的，是生产方式以及和它相适应的生产关系，而不只是生产关系”。④

---

① 《马克思恩格斯全集》第 27 卷，人民出版社 1972 年版，第 479 页。

② 《马克思恩格斯全集》第 4 卷，人民出版社 1958 年版，第 144 页。

③ 《资本论》第 3 卷，人民出版社 1975 年版，第 993 页。

④ 吴易风《马克思主义经济学和西方经济学》，经济科学出版社 2001 年版，第 8-9 页。

第四节　马克思主义政治经济学研究对象的现实意义

我们认为，作为马克思主义经济学研究对象的生产方式，不能简单地理解为生产力或生产关系，也不能简单地理解为通常使用的由斯大林定义的生产力与生产关系的统一，而是介于生产力和生产关系之间从而把两者联系起来的相对独立的中介范畴。生产力决定生产方式，而生产关系则又是与生产方式相适应的。关于生产力与生产方式，生产方式与生产关系之间的关系，马克思也曾多次作过说明。马克思在1846年12月28日致安年科夫的信中写道："随着新的生产力的获得，人们便改变自己的生产方式，而随着生产方式的改变，他们便改变所有不过是这一特定生产方式的必然关系的经济关系。"① 马克思在1847年写的《哲学的贫困》中又一次写道："随着新生产力的获得，人们改变自己的生产方式，随着生产方式即谋生的方式的改变，人们也就会改变自己的一切社会关系。手推磨产生的是封建主的社会，蒸汽磨产生的是工业资本家的社会。"② 由此可以看出，马克思作为研究对象的生产方式是处于生产力与生产关系中介的，即一定历史阶段上的生产力及其发展形式，是一定的生产方式由以产生的历史条件和现实基础；一定的生产方式又决定一定的生产关系。新的生产力会产生与它相适应的新的生产方式，而新的生产方式又会产生与自己相适应的新的生产关系。由此，不是生产力直接决定生产关系，而是一定历史发展阶段的生产力决定与它相适应的生产方式，一定的生产方式决定与自己相适应的生产关系。

作为《资本论》研究对象的"资本主义生产方式"，是指生产的资本主义形式，即资本主义条件下劳动者和生产资料相结合的特殊方式，马克思说过："不论生产的社会的形式如何，劳动者和生产资料始终是生产的因素。但

---

① 《马克思恩格斯全集》第1版第27卷，人民出版社1972年版，第479页。

② 《马克思恩格斯选集》第1卷，人民出版社1995年版，第142页。

是，两者在彼此分离的情况下只在可能性上是生产因素。凡要进行生产，它们就必须结合起来。实行这种结合的特殊方式和方法，使社会结构区分为各个不同的经济时代。”① 资本主义生产方式是雇佣劳动者与资本相结合的方式：一方面是资本家掌握了生产资料，另一方面是劳动者可以将他的劳动力自由出卖，生产资料与劳动力的结合，只有通过把劳动力当作商品来出卖才实现。所以，这种生产资料的资本主义占有和雇佣劳动制度为前提的生产资料与劳动者的结合方式，就是资本主义生产方式。马克思讲到，“我们称为资本主义生产的是这样一种社会生产方式，在这种生产方式下，生产过程从属于资本，或者说，这种生产方式以资本和雇佣劳动的关系为基础，而且这种关系是起决定作用的、占支配地位的生产方式。”② 马克思在《资本论》第3卷更加明确地写道：“对资本主义生产方式的科学分析却证明：资本主义生产方式是一种特殊的、具有独特历史规定性的生产方式；它和任何其他一定的生产方式一样，把社会生产力及其发展形式的一定阶段作为自己的历史条件，而这个条件又是一个先行过程的历史结果和产物，并且是新的生产方式由以出发的现成基础；同这种独特的、历史规定的生产方式相适应的生产关系，即人们在他们的社会生活过程中、在他们的社会生活的生产中所处的各种关系——具有独特的、历史的和暂时的性质。”③《资本论》就是从这种涵义来研究资本主义生产方式，正是这种生产方式决定着与它相适应的生产关系和交换关系。

在一定的生产方式中生产资料所有制为基础确定整个经济制度的性质。生产力与生产关系、经济基础与上层建筑的矛盾运动是马克思主义研究社会制度变迁的出发点，而生产力对生产关系、经济基础对上层建筑的决定作用又主要是以生产资料所有制为基础展开的。在研究社会经济关系的过程中，马克思和恩格斯历来强调生产资料所有制的变革在社会制度变迁中的决定性意义，强调生产资料所有制在整个经济关系体系中的基础作用。为什么生产资料所有制能够成为社会经济制度的基础？马克思在《资本论》第2卷中的

---

① 《马克思恩格斯选集》第2卷，人民出版社1995年版，第279页。

② 《马克思恩格斯全集》第1版第47卷，人民出版社1980年版，第151页。

③ 《马克思恩格斯选集》第2卷，人民出版社1995年版，第581页。

一段话概括地回答了这一问题：

“不论生产的社会形式如何，劳动者和生产资料始终是生产的因素。但是，两者在彼此分离的情况下只在可能性上是生产的因素。凡要进行生产，它们就必须结合起来。实行这种结合的特殊方式和方法，使社会结构区分为各个不同的经济时代。在当前考察的场合，自由工人和他的生产资料的分离，是既定的出发点，并且我们已经看到，两者在资本家手中是怎样和在什么条件下结合起来的——就是作为他的资本的生产的存在方式结合起来的。因此，形成商品的人的要素和物的要素这样结合起来一同进入的现实过程，即生产过程，本身就成为资本的一种职能，成为资本主义的生产过程。”①

在马克思主义经济学中，生产资料所有制是直接生产过程中发生的社会关系，即狭义的生产关系，它在整个经济关系的体系中起决定作用。而生产资料所有制的决定作用，又是由生产在人类全部经济活动中的基础地位决定的。在《政治经济学批判〈导言〉》中，马克思专门分析了生产与分配、交换和消费的一般关系，并得出了这样的结论：“我们得到的结论并不是说，生产、分配、交换、消费是同一的东西，而是说，它们构成了一个总体的各个环节，一个统一体内部的差别。生产既支配着与其他要素相对而言的生产自身，也支配着其他要素。过程总是从生产开始。交换和消费不能是起支配作用的东西，这是不言而喻的。分配，作为产品的分配，也是这样。而作为生产要素的分配，它本身就是生产的一个要素。因此，一定的生产决定着一定的消费、分配、交换和这些不同要素相互间的一定关系。”②

在《资本论》第3卷第51章“分配关系与生产关系”中，马克思再次强调了生产对分配根本的决定作用：“所谓的分配关系，是同生产过程的历史规定的特殊社会形式，以及人们在他们生活的再生产过程中互相所处的关系相适应的，并且是由这些形式和关系产生的。这些分配关系的历史性质就是生产关系的历史性质，分配关系不过表示生产关系的一个方面。”③

---

① 《马克思恩格斯选集》第2卷，人民出版社1995年第2版，第279页。

② 《马克思恩格斯文集》第8卷，人民出版社2009年版，第23页。

③ 《马克思恩格斯选集》第2卷，人民出版社1995年第2版，第586页。

生产资料所有制的基础地位和生产对交换和分配的决定作用，在《资本论》中得到了完整的体现。在《资本论》第1、2、3卷中，第一卷是核心。恩格斯在《资本论》英文版序言中曾经这样说，第一卷“在很大程度上是一个整体，并且20年来一直被当作一部独立的著作。”① 其中最主要的原因就在于，《资本论》第1卷研究的是资本的生产过程和资本主义的所有制关系，揭示了资本主义经济的基本规律。《资本论》第2卷、第3卷对资本的流通和资本总过程的分析，只有在生产过程的本质得到说明的基础上才能展开。在《资本论》第3卷结尾部分，马克思总结了资本主义生产方式的根本特征，即劳动者作为商品与资本相结合而产生的雇佣劳动关系，指出：资本主义生产方式的特征是“剩余价值的生产是生产的直接目的和决定动机。资本本质上是生产资本的，但只有生产剩余价值，它才生产资本。”②

正因为生产资料所有制对分配、交换和消费关系的这种决定性作用，马克思和恩格斯才把生产资料所有制从一般的财产关系或产权关系中分离出来，把它作为整个社会生产关系和经济制度的基础。这不仅是马克思主义政治经济学的一个核心命题，而且也是马克思和恩格斯对于政治经济学这门科学发展的一个重大贡献。坚持这一基本命题不仅具有重要的理论意义，而且具有重大的实践意义。一切旨在瓦解我国社会主义经济制度的图谋，其最终指向都是要实行私有化，这从反面证明了这一命题的重大理论和实践意义。

在谈到《资本论》的意义时，恩格斯说：“自地球上有资本家和工人以来，没有一本书像我们面前这本书那样，对于工人具有如此重要的意义。资本和劳动的关系，是我们现代全部社会体系所依以旋转的轴心，这种关系在这里第一次作了科学的说明，而这种说明之透彻和精辟，只有一个德国人才能做到。”③ 这个人就是马克思。恩格斯接着说，马克思“攀登最高点把现代社会关系的全部领域看得明白而且一览无遗”。④

---

①《马克思恩格斯文集》第5卷，人民出版社2009年版，第33—34页。

②《马克思恩格斯选集》第2卷，人民出版社1995年第2版，第583页。

③《马克思恩格斯选集》第2卷，人民出版社1972年版，第269页。

④ 同②。

第二章 马克思主义政治经济学研究的方法

马克思主义从根本上说是一种认识世界的方法。恩格斯曾经说过："马克思的整个世界观不是教义，而是方法。它提供的不是现成的教条，而是进一步研究的出发点和供这种研究使用的方法。"①

马克思主义经济学的研究方法分为三个层次：第一层次是最根本也是最抽象的，属于哲学基础，即唯物辩证法；第二层次是进行理论研究或构建理论体系的方法，如叙述方法和研究方法；第三层次是技术性的具体应用方法，如数学方法等。

第一节 马克思主义政治经济学方法论的思想来源

德国古典哲学是马克思主义政治经济学唯物辩证方法的主要思想来源。马克思在批判地吸收黑格尔辩证法合理内核的基础上，创立了自己的唯物辩证法，并将其运用到政治经济学的研究之中。马克思在1858年致恩格斯的信中说："我又把黑格尔的《逻辑学》浏览了一遍，这在材料加工上帮了我很大的忙。我很愿意用两三个印张把黑格尔所发现、但同时又加以神秘化的方法中所存在的合理的东西，阐述一番，使一般人都能够理解。"② 马克思在1868年5月9日写给约瑟夫·狄兹根的信中又说："一旦我卸下经济重担，我就要

① 《马克思恩格斯选集》第4卷，人民出版社1995年版，第742-743页。

② 马克思：《马克思恩格斯〈资本论〉书信集》，人民出版社1976年版，第121页。

写《辩证法》。辩证法的真正规律在黑格尔那里已经有了，自然是具有神秘的形式。必须把它们从这种形式中解放出来。”① 列宁在谈到马克思经济学的方法时也谈到：“不钻研和不理解黑格尔的全部逻辑学，就不能完全理解马克思的《资本论》，特别是它的第 1 章。”②

黑格尔在他的《逻辑学》一书中集中论述了他的辩证法思想，即唯心主义辩证法。黑格尔指出，逻辑概念的展开过程就是由抽象上升到具体的辩证发展过程，即前进运动过程。他说：“这个前进运动的特征就是：它从一些简单的规定性开始，而在这些规定性之后的规定性就越来越丰富，越来越具体。因为结果包含着自己的开端，而开端的运动用某种新的规定丰富了它，一般的东西构成基础……在继续规定的每一个阶段上，一般的东西不断提高它以前的全部内容，它不仅没有因其辩证的运动而丧失了什么，丢下了什么，而且带着一切收获物，使自己的内部不断丰富和充实起来。”③ 这一段话的意思是，概念的展开是从抽象到具体的过程，概念在开始时只是一些抽象的简单的规定性，是孤立的、片面的，随着概念的发展，越是往后的概念包含的规定性越多，内容就越丰富、越具体，直到最后达到包含着多样性的具体概念。这就是黑格尔逻辑学的合理内核。

黑格尔逻辑学包含着对事物认识的辩证法。因为，任何客观存在着的具体事物内部都包含着对立统一矛盾的两个方面，而人们对事物的认知总是先接触到它的某一个方面，即直接呈现在我们面前的正面，然后在更多的接触中并通过分析才能把握其他方面，即反面，最后再把正反两面综合起来作为一个统一体来全面把握，即为正反合。很显然，马克思对资本主义生产方式的分析实际上运用的就是黑格尔的这种方法。在马克思看来，资本主义生产方式就是资本的生产过程和流通过程的统一体。对这个统一体的分析，马克思认为，要先分析资本的生产过程，再分析资本的流通过程，最后再分析作为生产过程和流通过程统一体的资本主义生产的总过程。这就是《资本论》

---

① 马克思：《马克思恩格斯全集》第 32 卷，人民出版社 1972 年版，第 535 页。

② 列宁：《列宁全集》第 28 卷，人民出版社 1963 年版，第 191 页。

③ 黑格尔：《小逻辑》，商务印书馆 1980 年版，第 190 页。

三卷的总的理论结构。

但是，黑格尔的这个合理内核是建立在唯心主义基础上的，它不把由抽象上升到具体的过程看作是对客观事物的反映过程，而是看作概念的自我综合、自我发展的过程。因此，黑格尔的方法是用头倒立着的，必须把它重新颠倒过来，建立在唯物主义基础上才能成为马克思经济学的科学的分析方法。

第二节　马克思主义政治经济学的研究方法的主要内容

一、唯物主义辩证法

《资本论》就是唯物辩证法用于分析一个社会经济运动规律的光辉典范。马克思在《政治经济学批判〈序言〉》中指出：在研究政治经济学中，“我所得到的、并且一经得到就用于指导我的研究工作的总的结果，可以简要地表述如下：人们在自己生活的社会生产中发生一定的、必然的、不以他们的意志为转移的关系，即同他们的物质生产力的一定发展阶段相适合的生产关系。这些生产关系的总和构成社会的经济结构，即由法律的和政治的上层建筑竖立其上并有一定的社会意识形式与之相适应的现实基础。物质生活的生产方式制约着整个社会生活、政治生活和精神生活的过程。不是人们的意识决定人们的存在，相反，是人们的社会存在决定人们的意识。社会的物质生产力发展到一定阶段，便同它们一直在其中运动的现存生产关系或财产关系（这只是生产关系的法律用语）发生矛盾。于是这些关系便由生产力的发展形式变成生产力的桎梏。那时社会革命的时代就到来了。随着经济基础的变更，全部庞大的上层建筑也或慢或快地发生变革。”①

① 《马克思恩格斯文集》第2卷，人民出版社2009年版，第591-592页。

马克思认为，人类社会的变革，大体说来，依次经过了亚细亚的、古代的、封建的和现代资产阶级的生产方式几种类型。但他接着又指出“无论哪一个社会形态，在它所能容纳的全部生产力发挥出来以前，是决不会灭亡的；而新的更高的生产关系，在它的物质存在条件在旧社会的胎胞里成熟以前，是决不会出现的。所以人类始终只提出自己能够解决的任务，因为只要仔细考察就可以发现，任务本身，只有在解决它的物质条件已经存在或者至少是在生成过程中的时候，才会产生。”① 列宁说：“自从《资本论》问世以来，唯物主义历史观已经不是假设，而是科学地证明了的原理。”②《资本论》是“把辩证法运用于政治经济学的第一次尝试”③。正是运用了唯物辩证法，才使《资本论》成为一个艺术整体。马克思说：“我的辩证法，从根本上说，不仅和黑格尔的辩证方法不同，而且和它截然相反。……观念的东西不外乎移入人的头脑并在人的头脑中改造过的物质的东西而已。”④

马克思在《资本论》第一卷第二版跋中引用了俄国经济学伊·伊·考夫曼发表于1872年彼得堡《欧洲通报》上专门描述《资本论》方法的评述。考夫曼认为，马克思的研究方法是辩证法，它具有以下特点：第一，“在马克思看来，只有一件事情是重要的，那就是发现他所研究的那些现象的规律……所以马克思竭力去做的只是一件事：通过准确的科学研究来证明社会关系的一定秩序的必然性，同时尽可能完善地指出那些作为他的出发点和根据的事实。”第二，“马克思把社会运动看作受一定规律支配的自然史过程，这些规律不仅不以人的意志、意识和意图为转移，反而决定人的意志、意识和意图。”第三，在马克思看来，“每个历史时期都有它自己的规律。一旦生活经过了一定的发展时期，由一定阶段进入另一阶段时，它就开始受另外的规律支配。”第四，“生产力的发展水平不同，生产关系和支配生产关系的规律也就不同。马克思给自己提出的目的是，从这个观点出发去研究和说明资本主

---

① 《马克思恩格斯文集》第2卷，人民出版社2009年版，第592页。

② 《列宁全集》第2版第1卷，第108-109页。

③ 《马克思恩格斯全集》第1版第31卷，第385页。

④ 《马克思恩格斯全集》第23卷，人民出版社1995年版，第24页。

义经济制度。”第五，马克思“这种研究的科学价值在于阐明支配着一定社会有机体的产生、生存、发展和死亡以及为另一更高的有机体所代替的特殊规律。”①

二、叙述方法和研究方法

1. 叙述方法是由抽象上升到具体的逻辑方法

这里讲的由抽象到具体，是就经济范畴而言的。“经济范畴只不过是生产的社会关系的理论表现，及其抽象。”② 抽象的经济范畴是指包含较少规定性的范畴，具体的经济范畴是指包含较多规定性的范畴。马克思在《政治经济学批判〈导言〉》中，对由抽象上升到具体的方法作了详细的说明。他认为作为经济学体系起点范畴不能是具有较多规定性的具体，而应从抽象开始。他说：“在经济学上从作为全部社会生产行为的基础和主体的人口开始，似乎是正确的。但是，更仔细地考察起来，这是错误的。例如，抛开构成人口的阶级，人口就是一个抽象。如果我不知道这些阶级所依据的因素，如雇佣劳动、资本，等等，阶级又是一句空话。而这些因素是以交换、分工、价格等为前提的。如资本，如果没有雇佣劳动、价值、货币、价格等，它就什么也不是。因此，如果我从人口着手，那么，这就是关于整体的一个混沌的表象，并且通过更切近的规定我就会在分析中达到越来越简单的概念；从表象中的具体达到越来越稀薄的抽象，直到我达到一些最简单的规定。于是行程又得从那里回过头来，直到我最后又回到人口，但是这回人口已不是关于整体的一个混沌的表象，而是一个具有许多规定和关系的丰富的总体了。”③

接着，马克思提出，古典经济学的创始人配第企图从具体的现象入手，从人口、民族、国家开始，在他的分析中虽然找出了一些有决定意义的抽象的一般关系，如分工、货币、价值等，甚至提出了许多重要的经济学原理，

---

① 《马克思恩格斯选集》第2卷，人民出版社1995年版，第110–111页。

② 《马克思恩格斯选集》第1卷，人民出版社1995年版，第141页。

③ 《马克思恩格斯选集》第2卷，人民出版社1995年版，第18页。

但他的研究也仅仅到此为止，形不成完整的理论体系。后来斯密和李嘉图等人与配第不同，他们在前人研究的基础上，从劳动、分工、交换、价值等一些抽象的简单的规定出发，经过研究，力图说明资本主义经济的总体。马克思认为，后一种方法是科学的正确的方法。他指出："在第一条道路上，完整的表象蒸发为抽象的规定；在第二条道路上，抽象的规定在思维行程中导致具体的再现。"① 因此，作为创建经济学科学体系的方法，应该是从抽象上升到具体，从简单上升到复杂。

2. 研究方法是由具体到抽象的方法

作为叙述起点的简单的抽象范畴不是虚无的抽象，而是反映了普遍存在的一般的抽象规定性，是从实践中来的客观真实的东西，它产生于最丰富的具体发展的地方，是被抽象的一切对象所共有的东西。什么是研究方法呢？马克思指出："研究必须充分地占有材料，分析它的各种发展形式，探寻这些形式的内在联系。只有这项工作完成以后，现实的运动才能适当地叙述出来。这点一旦做到，材料的生命一旦观念地反映出来，呈现在我们面前的就好像是一个先验的结构了。"② 在这里，马克思不仅说明了研究方法，而且说明了研究方法与叙述方法的关系。科学的研究方法是首先搜集大量的有关材料，然后进行整理分析，去粗取精，去伪存真，寻找出各种要素相互之间的内在联系，从而揭示客观事物内在的运动规律。这种研究方法，就是从现象到本质，从具体到抽象，从复杂到简单的科学方法。恩格斯对马克思这一方法给予了极高的评价。恩格斯指出，马克思的经济学著作是要系统地概括经济科学的全部复杂的内容，并且在联系中叙述资产阶级生产和交换的各项规律，要完成这样全面的考察，只有马克思制定的方法才能胜任。他说："这个方法的制定，在我们看来是一个不亚于唯物主义基本观点的成果。"③

---

① 《马克思恩格斯选集》第 2 卷，人民出版社 1995 年版，第 18 页。
② 《马克思恩格斯选集》第 2 卷，人民出版社 1995 年版，第 111 页。
③ 《马克思恩格斯全集》第 1 版第 13 卷，人民出版社 1962 年版，第 532 页。

三、逻辑与历史相一致的方法

马克思在说明他的方法是从抽象上升到具体的逻辑方法的同时，也阐述了逻辑与历史相一致的关系，即以主体关系为核心建立理论体系的方法。这是马克思主义经济学在方法论上的又一贡献。

经济学实质上是一门历史的科学。逻辑的研究方式无非是历史的研究方式，不过摆脱了历史的形式以及起扰乱作用的偶然性而已。历史从哪里开始，思想进程也应当从哪里开始，而思想进程的进一步发展不过是历史进程在抽象的、理论上前后一贯的形式上的反映；这种反映是经过修正的，然而是按照现实的历史过程本身的规律修正的，这时，每一个要素可以在它完全成熟而具有典范形式的发展点上加以考察。

逻辑的展开既然是现实历史的反映，那么，逻辑是否处处都应跟随着现实的历史发展呢？不是的。关于这个问题，恩格斯作了很好的说明：历史常常是跳跃式地和曲折地前进的，如果必须处处跟随着它，那就势必不仅会注意许多无关紧要的材料，而且也会常常打断思想进程。研究经济问题，如同研究历史科学一样，时刻把握住研究的主体社会的特殊的社会规定。马克思主义政治经济学要研究和反映资本主义社会生产方式的生产关系和交换关系，必须以资本主义社会这个主体的客观存在为前提，并完全按照它本身的内在结构和发展顺序去安排、反映这个主体社会经济关系的理论体系。这一点，对研究和理解马克思恩格斯经济思想体系具有重要意义。马克思说："在研究经济范畴的发展时，正如在研究任何历史科学、社会科学时一样，应当时刻把握住：无论在现实中或在头脑中，主体——这里是现代资产阶级社会——都是既定的；因而范畴表现这个一定社会即这个主体的存在形式、存在规定、常常只是个别的侧面；因此，这个一定社会在科学上也绝不是在把它当作这样一个社会来谈论的时候才开始存在的。这必须把握住，因为这对于分篇直接具有决定意义。”① 为什么必须从这个“既与的”现代资产阶级社会的生产方式出发呢？因为它在经济关系中起决定作用，其他一切关系都受它的影响而相应地发生变化。正如马克思在《政治经济学批判〈导言〉》所讲的：分析资本主义社会，例如，从地租开始，从土地所有制开始，似乎是再自然不过的了，因为它是同土地，即同一切生产和一切存在的源泉结合着的，并且它又是同一切多少固定的社会的最初的生产形式，即同农业结合着的。但是，这是最错误不过的了。因为在资产阶级社会中，农业越来越变成仅仅是一个工业部门，完全由资本来支配。如果说在土地所有制占支配地位的一切社会形式中自然联系占优势，那么，在资本占支配地位的社会形式中，则是资本占优势。在资本主义社会中，不懂资本便不能懂地租，但不懂地租却完全可以懂资本。因此，资本必须放在土地所有制之前加以说明，尽管在历史上，土地所有制是先于资本而存在的。马克思说：“在一切社会形式中都有一种一定的生产决定其他一切生产的地位和影响。这是一种普照的光，它掩盖了一切其他色彩，改变着它们的特点。这是一种特殊的以太，它决定着它里面显露出来的一切存在的比重。”② 可见，把经济范畴按它们在历史上起决定作用的先后顺序来排列是不对的，它们的顺序倒应该是由它们在现代资产阶级社会中的相互关系来决定。“问题不在于各种经济关系在不同社会形式的相继更替的序列中在历史上占有什么地位……而在于它们在现代资产阶级社会内部的结构。”③ 在资本主义社会，这种占支配地位的主体关系就是资本雇佣劳动的关系，即剩余价值的生产、交换和分配的关系。在不同形式的资本之间的关系中，占支配地位的资本是既包含着剩余价值生产也包含着剩余价值实现的以工业资本为代表的产业资本。在此基础上对各种资本形式相互关系的展开过程，也就是剩余价值在各个资本集团之间的分配过程。因此，马克思和恩格斯在研究资本主义生产关系时，在研究剩余价值的生产、交换和分配的关系时，是从作为资本一般的产业资本开始，一步一步上升到对其他资本形

---

① 《马克思恩格斯选集》第2卷，人民出版社1995年版，第24页。

② 同①。

③ 《马克思恩格斯选集》第2卷，人民出版社1995年版，第25页。

式和剩余价值形式的分析，上升到对大地产和地租以及其他社会阶层收入的分析，建立起了马克思主义的经济理论大厦。

第三节 关于经济学研究方法的不同见解

国内外经济学界普遍认为，政治经济学的研究方法很多，大体可以有以下几种：制度分析法，此种方法强调客观环境和条件对人们行为的约束；比较分析法，这种方法立足于寻求不同事物之间的差别、比较分析评价其发展变化的趋势，比较的内容包括成本、效益、规模、效率、代价等；系统分析法，这种方法强调从客观和总量上观察分析问题，做出评价；行为分析法，这种方法强调分析人的行为的动机、手段、目的和效果；历史分析法，这种方法强调实证和经验总结，用历史事实去证实或证伪；逻辑演绎法，这种方法强调从思维和认识规律上对概念进行规范、发展、推理并分析概念之间的内在联系，构建理论体系。以上这些方法可以概括为规范分析即研究应该是什么样的问题，和实证分析即研究是什么的问题。

我们认为，政治经济学的方法基本上可以分为三个层次：第一层次是最根本的也是最抽象的方法，即唯物辩证法；第二层次是构建理论体系的方法，即由抽象上升到具体的方法；历史与逻辑相统一以逻辑法为主建立理论体系的方法，即抽象到具体的逻辑展开；第三层次是技术性的具体应用方法，如数学方法、均衡分析方法、个案分析方法等。

如何借鉴西方经济学的研究方法，我们认为，要采取科学的一分为二的方法，既要反对盲目迷信照搬照抄，也要反对全盘否定一概批判。在不涉及根本社会制度问题上，西方经济学的许多研究方法和研究成果是值得肯定的。但是，我们认为，“理性经济人”的假设是非科学的。

西方微观经济学历来倡导所谓“理性经济人”假设，把它作为分析人的经济行为的基点。“理性经济人”被解释为天生利己的符合人的本性的人，在某些约束下为自己争取最大利益的人。在这里，“理性经济人”回避了人的经济性质、经济行为与所有制之间的因果联系，把人的本性等同于一种永恒不变的自然属性，是一个有很大片面性的主观主义的概念。其实，“理性经济人”的利己性，不过是商品交换关系中商品所有权对立关系的人格化、以及由资本家追求利润最大化引起的资本主义竞争关系的人格化；“理性经济人”不过是把这些关系的人格化，扩大为人的天然本性罢了。这其实反映了这种假设维护资本主义私有制的实质。可以说，“理性经济人”假设，最多在研究商品交换关系和资本主义竞争关系中有某种程度的适用性，但是，超出这些范围，就只有破坏性。马克思在《资本论》手稿中曾引用17世纪思想家托马斯·霍布斯“一切人反对一切人的战争”这句话，深刻地批判了“经济人”假设导致的不良后果，他指出，“关键并不在于，当每个人追求自己利益的实现的时候，也就达到私人利益的总体即普遍的利益。从这种抽象的说法反而可以得出结论：每个人都妨碍别人利益的实现，这种一切人反对一切人的战争所造成的后果，不是普遍的肯定，而是普遍的否定。”可见，这种假设的本身是缺乏建设性的，是消极的。

在方法论上遵循个体主义，即从孤立的个人出发来解释一切经济现象，也是不正确的。这种方法是由以亚当·斯密为代表的古典自由主义开创的西方经济学的传统。这是与资本主义市场经济相适应的意识形态。西方的现代自由主义经济理论，无论是新古典经济学、凯恩斯主义、进化论自由主义还是新制度经济学，都没有从根本上背离开这一传统。方法论个体主义的核心是，只有个体才进行选择和行动，而群体本身既不选择又不行动，如果所分析的群体同样进行选择和行动，则就不符合科学的准则。社会总量被认为只是个体所做的选择和采取行动的结果。马克思的方法论原则是与个体主义原则相反的整体主义的原则。马克思主义经济学并不排斥对个体动机和行为的分析。但是，在马克思主义看来，尽管社会是由个人组成的，但是社会并不是单个人的简单加总。社会是按照特殊的规则和特定的结构组成的有机整体。这个整体一旦形成，就具有了不以人的意志为转移的客观规律和单个人所不具有的属性。人是最名符其实的社会动物，不仅是一种合群动物，而且是只有在社会中才能独立的动物。社会不是由孤立的个人构成，而是表示这些个人彼此发生的那些联系和关系的总和。虽然历史不过是追求自己目的的人的活动，社会的运动是由个体的选择和行为汇合而成的，但个人的行为和选择并不完全是自由意志的产物，个人的行为受历史和社会条件的制约：人们不能自由选择自己的生产力——这是他们全部的历史基础，因为任何生产力都是一种既得的力量，是以往的活动的产物。可见，生产力是人们应用能力的结果，但这种能力本身决定于人们所处的条件，决定于先前已经获得的生产力，决定于在他们以前已经存在、不是由他们创立而是由前一代人创立的社会形式。人们自己创造自己的历史，但是他们并不是随心所欲地创造，并不是在他们自己选定的条件下创造，而是在直接碰到的、既定的、从过去承继下来的条件下创造。一切已死的先辈们的传统，像梦魔一样纠缠着活人们的头脑。

运用个人主义的方法研究经济问题时，个人的主观动机以及由此决定的个人行为是考察问题的出发点。但是，事实上，任何个人的经济行为都不可能是完全主观随意的，它本身就是经济制度的产物或经济关系的“人格化”。正如马克思在《资本论》第一版序言中指出的那样：“为了避免可能产生的误解，要说明一下。我决不用玫瑰色描绘资本家和地主的面貌。不过这里涉及的人，只是经济范畴的人格化，是一定的阶级关系和利益的承担者。我的观点是：社会经济形态的发展是一种自然历史过程。不管个人在主观上怎样超脱各种关系，他在社会意义上总是这些关系的产物。同其他任何观点比起来，我的观点是更不能要个人对这些关系负责的。”①

从孤立的个人而不是社会的个人出发考察经济问题，必然把历史和时间排除在经济学视野之外。从现实的社会整体结构中的个人出发考察问题，则必然要考虑经济发展和制度变迁的历史延续性。这是马克思主义经济学与西方主流经济学的另一个根本差别。

把资本主义市场经济当作某种先验的超历史的现象，这是西方主流经济

---

① 马克思：《资本论》第1卷，人民出版社1995年版，第12页。

学从亚当·斯密开始就已经形成的另一个重要传统，这是从离群索居的孤立的个人出发考察问题的必然结果。根据这种观点，资本主义制度不是历史发展的产物，而是历史发展的起点；不是生产发展的结果，而是生产发展的前提；不是从客观历史条件中产生出来的，而是自然的人类本性造成的。因此，私有制被看作是人类利己本性的自然表现，自由契约被说成是天赋人权的自然延伸，等价交换则被称为平等和正义的象征，资本主义经济特有的范畴不仅可以用来说明资本主义社会的经济现象，而且可以用来说明包括奴隶制度、封建制度和计划经济等所有的社会经济现象，理性人的范式成为了解释一切制度现象的万能钥匙。

第四节　学习马克思主义政治经济学方法论的意义

马克思主义经济学以严密的逻辑揭示了资本主义生产方式的内在矛盾，科学地阐述了人类社会经济发展的普遍规律，特别是市场经济的一般规律。马克思在分析资本主义生产方式内在矛盾的同时，对社会主义社会的某些基本特征和经济规律也作了科学的预测和预见。在今天，无论是研究资本主义市场经济，还是建设社会主义市场经济，进而研究中国特色社会主义政治经济学，都要以马克思主义经济学原理作为思想基础和理论指导。

一、革命理论和建设理论的有机统一

马克思创立马克思主义政治经济学的本意是揭示资本主义生产方式内在矛盾，揭示资本主义被社会主义代替的历史必然性。从这一意义上讲，马克思主义政治经济学是革命的理论，它的使命是推翻资本主义。坚持马克思主义，首先就是要有坚定的信念，坚信社会主义必然要代替资本主义。

当今世界是一个不断发展变化的世界。现代资本主义和实践中的社会主

义，也都在经历着新的发展和变化，出现了许多新情况、新特点和新问题。如何认识当代世界，如何认识现代资本主义，如何认识实践中的社会主义，是在新条件下对马克思主义政治经济学提出的新课题，对此需要用发展的观点学习和研究马克思主义政治经济学，并用发展的马克思主义政治经济学对新的问题做出回答。

如何认识现代资本主义。第二次世界大战以后，资本主义世界从总体上讲处于相对稳定和发展阶段。在发达资本主义国家出现新技术革命之后，20世纪90年代以来又出现以信息技术为代表的知识经济，由此引起社会生产力的迅速发展，在经济发展的基础上，人民生活水平也有不同程度的提高，资本主义制度所固有的各种矛盾也有不同程度的缓和。对资本主义发展的新情况，不能简单地套用马克思主义政治经济学的某些现成结论，应该依据新的研究做出解释。但是，新的研究、新的认识，必须有正确的立场、科学的世界观和方法论。应该承认，面对现代资本主义，马克思的个别结论可能已经过时，但是，它的基本立场、基本观点和基本方法不可能过时，作为一种认识社会的科学体系也没有过时。它仍然是我们深刻认识和科学研究现代资本主义的本质、发展趋势的唯一正确的世界观和方法论。

如何认识实践中的社会主义。从人类社会发展规律上讲，资本主义必然为社会主义所代替，因此，应该说马克思在《资本论》中，在对资本主义经济矛盾的科学分析中，合乎逻辑地推导出的关于替代资本主义之后的未来社会的规定性是科学的。马克思主义政治经济学中关于未来社会基本特征的论断仍然可以作为我们认识科学社会主义的理论指导。但是，目前我们国家的社会主义还处在社会主义社会的初级阶段。因此，当我们在学习、研究和实践马克思主义政治经济学中关于社会主义的要求时，就不能教条地对待这些规定，而应该在马克思主义政治经济学的基本原理指导下，结合我国社会主义现阶段的现实条件去研究社会主义的规定性，研究中国特色社会主义的规定性。这里，实际上是一个如何在新的条件下坚持和发展马克思主义政治经济学的问题。所谓坚持，就是要坚持马克思主义政治经济学中提出的社会主义必然代替资本主义的原理和必然结论。社会主义社会是我们为之奋斗的目标，实现社会主义目标的基本途径是创造更好的经济条件，特别是依靠发展社会生产力创造更为坚实的物质基础。所谓发展，就是要依据新的经济条件做出新的研究和判断。我们今天实践中的社会主义，不是马克思经典作家所预见的社会主义，而是初级阶段的社会主义；不是代替资本主义之后的社会主义，而是与资本主义并存的社会主义。我们学习、研究马克思主义政治经济学，不应该是当片面的批判家，即用《资本论》的某些提法作为教条去批判我国改革开放中出现的新事物和新现象，而应该当建设者，也就是根据马克思主义政治经济学的基本原理和基本方法，寻求建设中国特色社会主义的新的理论。

二、社会主义市场经济建设的重要的理论指导

马克思主义政治经济学为现实的社会主义提供的指导思想，不仅是其关于社会主义经济特征的论述，更为重要的是其一般经济理论。其一般经济理论最重要的是关于社会化大生产一般规律和关于市场经济一般规律的理论。资本主义是社会化大生产的社会，马克思主义经典作家尽管是在研究资本主义生产方式中阐述这些经济理论的，但它所揭示的社会化大生产的一般规律并没有也不可能过时。例如，关于社会生产的四个环节及其相互关系的原理、关于社会化生产按比例发展原理、关于实现人类生产与自然环境协调发展的原理，仍然具有现实意义。资本主义是市场经济社会，马克思主义经典作家尽管是在分析资本主义市场经济中阐述这些经济理论的，但它所揭示的关于市场经济一般规律的理论，对我国社会主义市场经济建设的指导作用是显而易见的。如劳动价值理论、价值增值理论、资本积累理论、资本有机构成理论、资本集中理论、资本循环和周转理论、社会总产品实现条件理论、平均利润理论、流通费用理论、信用经济理论、虚拟资本理论、地租理论、收入分配理论、经济周期理论，等等，对我国现阶段的经济理论研究和经济建设实践都具有直接的指导作用。

三、方法的科学性

与自然科学相比，经济学作为研究现实的社会经济科学，在方法论上的一个重要特点是它无法通过实验室进行实验。马克思在《资本论》第一版序言中指出："分析经济形式，既不能用显微镜，也不能用化学试剂。两者都必须用抽象力来代替。"① 马克思在《资本论》第二版跋中又说明了他的科学的抽象法："在形式上，叙述方法必须与研究方法不同。研究必须充分地占有材料，分析它的各种发展形式，探寻这些形式的内在联系。只有这项工作完成以后，现实的运动才能适当地叙述出来。"② 可见，马克思主义抽象法包含相互联系的两个科学思维过程：第一，从具体到抽象的研究过程。这一过程依据唯物辩证法，对普遍存在的具体的经济现象撇开次要的因素，进行去粗取精、去伪存真的分析，从中找出最基本、最简单的东西，并综合它的各种发展形式及其内在的必然联系，确立经济范畴，揭示经济规律。在这一过程中，关键在于抽象思维能力。政治经济学不能只是对经济现象的描述，换言之，经济现象描述不是政治经济学。第二，从抽象上升到具体的叙述过程。这一过程是在研究的基础上进行理论阐述和表达，即依据前一过程的结果，从最简单的最抽象的范畴开始，循着由简单上升到复杂的思维过程建立理论体系。上述两个过程归结起来，就是马克思说的："在第一条道路上，完整的表象蒸发为抽象的规定；在第二条道路上，抽象的规定在思维行程中导致具体的再现。"③

了解这种研究方法和叙述方法，不只是为了把握马克思主义政治经济学的科学体系，更重要的是给我们提供一种经济分析方法。这种方法对我们今天分析经济关系特别管用。就分析经济关系和经济制度从而建立政治经济学理论体系来说，我们认为，到现在为此，还没有发现别的任何一种方法比马

① 《马克思恩格斯选集》第 2 卷，人民出版社 1995 年版，第 99-100 页。
② 《马克思恩格斯选集》第 2 卷，人民出版社 1995 年版，第 111 页。
③ 《马克思恩格斯选集》第 2 卷，人民出版社 1995 年版，第 18 页。

克思主义政治经济学的方法更科学、更管用。例如，分析现实的资本主义社会和社会主义社会的本质及其运动规律，分析现实的企业制度，这种方法显然优越于其他经济学分析方法。

当然，我们并不否认现代西方经济学中广泛运用的数量分析和实证分析方法。经济学发展到现在，方法论应该与时俱进。包括数学在内的科学研究方法都应该成为重要的分析方法。但是我们认为，也不能过分地强调数量分析方法，更不能用定量分析取代定性分析。现在有一些人认为，一门科学只有在使用数学时，才称得上是科学。可以肯定，能够得到数学证明的理论是科学的理论，但不能反过来说，得不到数学证明的理论就不是科学的理论。这里有两种情况：一是现实中许多经济关系是无法量化的，如资本与货币的区别、生产价格与价值的区别、封建地租与资本主义地租的区别，等等；二是许多经济学大师最早提出的理论和思想往往都不是数学方式的，恰恰是后人力图用数学去证明其理论的。如菲利浦茨曲线等。在对现实经济的理论分析中，数学作为精密的学科对社会科学领域的创新性思维有时可能会成为一种束缚。

当代经济学在方法论上的一个重要进展是在突出实证分析的基础上采用实证分析和规范分析相结合的方法。实证分析试图在不做出是好是坏的价值判断的情况下分析经济行为，它回答所分析的经济对象“是什么”的问题。规范分析则是考察经济行为的后果，并且提出它们是好还是坏，以及这些结果是否可以变得更好的判断。因此，规范分析包含有对于所偏好的行动路线的评价，回答“应该是什么”的问题。现实的经济学因其主要采用其中的某一种方法而区分为实证经济学和规范经济学。我们认为，马克思主义政治经济学在方法论上既是规范经济学也是实证经济学，比如，马克思在《资本论》第 1 卷第 8 章、第 24 章等章节所做的大量的实证分析，正是用这些大量的实际数据证明了资本主义剥削的本质，马克思主义政治经济学是规范分析与实证分析两种分析方法有机结合的经济学。

此外，马克思主义政治经济学关于分析特定社会经济关系要抓住该社会占支配地位的关系的原理，如普照的光的方法，对分析当代西方国家以及我国的社会主义市场经济都具有重要的指导价值。

当然我们绝对不能把马克思主义当成僵死的教条。因为，“马克思主义具有与时俱进的理论品质。”① 马克思主义是发展的科学，必须随着时代的发展而发展。“实际生活总是在不停的变动中，这种变动的剧烈和深刻，近一百年来达到了前人难以想象的程度。因此，马克思主义必定是随着时代、实践和科学的发展而不断发展，不可能一成不变。”② 马克思主义经典作家历来认为，真理是绝对和相对的有机统一。恩格斯在他的《自然辩证法》一文中指出：“我们只能在我们时代的条件下进行认识，而且这些条件达到什么程度，我们便认识到什么程度。”③ 马克思主义政治经济学也不例外。就我们运用马克思主义政治经济学的方法来认识我国社会主义经济关系的认识程度而论，现阶段也只能认识社会主义初级阶段的经济关系和经济规律，而且这种认识程度也是相对的。随着实践的发展，人们的认识也会进一步深入，许多经济理论也会随着实践的发展而发展。

---

① 江泽民：《在庆祝中国共产党成立八十周年大会上的讲话》，人民出版社 2001 年 7 月第 1 版，第 26–27 页。

② 江泽民：《高举邓小平理论伟大旗帜，把建设有中国特色社会主义事业全面推向二十一世纪》，人民日报，1997 年 9 月 22 日。

③ 《马克思恩格斯选集》第 4 卷，人民出版社 1995 年版，第 337–338 页。

第三章　马克思劳动价值理论研究

马克思劳动价值论是马克思在批判地吸取古典政治经济学的基础上创立的科学理论，它是马克思主义政治经济学的基础。自 1867 年《资本论》出版以来的 150 年中，人们围绕劳动价值论展开了旷日持久的争论。今天，这场争论不仅没有结束，反而由于客观经济条件的变化显得更为激烈，也更为深入。无论是资本主义国家还是社会主义国家，无论是世界的东方还是世界的西方，都对这一理论给予了极大的关注。中共十五届五中全会《建议》第一次提出："在新的历史条件下，要深化对劳动和劳动价值论的认识"。江泽民同志《在庆祝中国共产党成立八十周年大会上的讲话》中又一次更明确地提出："马克思主义经典作家关于资本主义社会的劳动和劳动价值的理论，揭示了当时资本主义生产方式的运行特点和基本矛盾。现在，我们发展社会主义市场经济，与马克思主义创始人当时面对和研究的情况有很大不同。我们应该结合新的实际，深化对社会主义社会劳动和劳动价值理论的研究和认识。"究竟应该如何结合社会主义市场经济的新情况和新问题来研究劳动价值论？我们认为，必须搞清楚马克思劳动和劳动价值论的原创含义，必须搞清楚马克思研究劳动和劳动价值论的立场和方法，必须根据社会主义市场经济的新情况丰富和发展劳动和劳动价值论。

第一节　马克思劳动价值论的思想来源

迄今为止，人们所理解的经济学意义上的价值属于商品经济的范畴，有了商品交换才引起了人们对交换背后的决定交换比例的某种共同属性的思索。

因此，对价值理论加以认识和研究的过程，实际上是人们对于商品经济的认识不断深化的过程，是商品经济发展过程在人们思想上的反映。

人类最初是在自给自足的自然经济中发展的。这时候有产品而无商品。随着自然经济的长期发展，出现了在共同体之间进行剩余产品的交换。“这种交换起先只是发生在各个不同的氏族公社之间，但后来在公社内部也实行起来。”① “商品交换是在共同体的尽头，在它们与别的共同体或其成员接触的地方开始的。但是物一旦对外成为商品，由于反作用，它们在共同体内部生活中也成为商品。”② 这是商品经济产生的萌芽。从商品萌芽开始到公元前 4 世纪大约 5000 年的时间内，③ 人们对商品之间为什么能够交换的原因还知之不多。直到公元前 4 世纪，亚里士多德（前 384—前 322 年）才有了价值概念的萌芽。他认为公正的原则要求在交换前和交换后，交换双方都没有盈余或损失，即其所保有的“值”仍然一样。为使交换能够公正地进行，必须能够依据某种方法对不同职业的工作进行比较。所以，在他看来，交换的可能性，是以交换的商品间的等一性为基础的，不同的商品，在交换上必须由同一物来衡量，并由此还原为相等的。马克思对此评论说，在此基础上，他已经“清楚地指出，商品的货币形式不过是简单价值形式——一种商品的价值通过任何别的一种商品来表现的进一步发展的形态，因为他说：‘5 张床 = 1 间屋’，无异于：‘5 张床 = 若干货币’。”④ 亚里士多德能在商品的价值表现中发现一种等同关系是他的一个卓识。但由于他生活时代的社会历史局限，他没有发现这个等同关系到底是什么。马克思指出，“亚里士多德没有能从价值形式本身看出，在商品价值形式中，一切劳动都表现为等同的人类劳动，因而是同等意义的劳动，这是因为希腊社会是建立在奴隶劳动的基础上的，因而是以人们

① 《马克思恩格斯文集》第 7 卷，人民出版社 2009 年版，第 1015 页。

② 《马克思恩格斯文集》第 5 卷，人民出版社 2009 年版，第 107 页。

③ 恩格斯曾经测算，商品交换“在有文字记载的历史之前就开始了。在埃及，至少可以追溯到公元前 3500 年，也许是 5000 年；在巴比伦，可以追溯到公元前 4000 年，也许是 6000 年。”见恩格斯：《资本论》第 3 卷增补，《马克思恩格斯文集》第 5 卷，人民出版社 2009 年版，第 1019 页。

④ 《马克思恩格斯文集》第 5 卷，人民出版社 2009 年版，第 74 页。

之间以及他们的劳动力之间的不平等为自然基础的。价值表现的秘密，即一切劳动由于而且只是由于都是一般人类劳动而具有的等同性和同等意义，只有在人类平等概念已经成为国民的牢固的成见的时候，才能揭示出来。……亚里士多德在商品的价值表现中发现了等同关系，正是在这里闪耀出他的天才的光辉。只是他所处的社会的历史限制，使他不能发现这种等同关系‘实际上’是什么。”①

最先提出劳动创造价值这个科学命题的，是英国古典政治经济学的创始人威廉·配第。他认为商品价值是由生产商品时所耗费的劳动时间决定的。这个思想为古典政治经济学的劳动价值论奠定了基础。但配第没有完全摆脱重商主义的影响，没有区分开价值和价格，没能从价格中抽象出价值来。由此，他又认为只有开采金银的劳动，才是生产交换价值的劳动。他举例说，“假如一个人在能够生产一蒲式耳谷物的时间里，将一盎司白银从秘鲁的银矿中运来伦敦，那么后者便是前者的自然价值。”② 配第也没有区分使用价值和价值，没能认识到创造使用价值的劳动不同于创造价值的劳动。他曾说过，劳动是财富之父，土地是财富之母。这句名言，就使用价值而论无疑是正确的，而就价值来说则又是错误的。

“同这个学派相对立的重农学派把劳动的一定形式——农业——看作创造财富的劳动，不再把对象本身看作裹在货币的外衣之中，而是看作产品一般，看作劳动的一般成果了。……亚当·斯密大大地前进了一步，他抛开了创造财富的活动的一切规定性。干脆就是劳动，既不是工业劳动、又不是商业劳动、也不是农业劳动，而既是这种劳动，又是那种劳动。有了创造的财富的活动的抽象一般性，也就有了被规定为财富的对象的一般性，这就是产品一般，或者说又是劳动一般。”③ 斯密在《国民财富的性质及其原因的研究》一书中明确指出：“劳动是衡量一切商品交换价值的真实尺度。”④ 但是，斯密

① 《马克思恩格斯文集》第5卷，人民出版社2009年版，第75页。

② 威廉·配第：《赋税论》，商务印书馆1972年版，第52页。

③ 马克思：《〈政治经济学批判〉导言》，《马克思恩格斯选集》第2卷，人民出版社1972年版，第213页。

④ 亚当·斯密：《国民财富的性质及其原因的研究》，商务印书馆1988年版，第25页。

对于历史现实比较敏感。他面临的是一个资本主义社会，他发现了价值规律在资本主义社会和在前资本主义社会具有不同的作用方式。他对于商品价值的全部分析的要点在于阐明在商品经济发展的不同阶段，价值的决定如何经历了一个历史变革。他认为在资本主义以前的商品经济中，价值由劳动所决定，而在资本主义社会，劳动产品不再全部属于劳动者，而要与资本和土地所有者共享。商品的价值就不只由生产商品的劳动单独构成，而由工资、利润和地租三者共同构成。很显然，斯密是站在资产阶级立场上研究劳动价值论的。他一方面批判了重商学派所主张的只有商业劳动才是财富来源的错误观点，另一方面又纠正了重农学派所持有的只有农业劳动才创造财富的偏见。但是，他却明白无误地认识到，在资本主义社会，商品的价值绝对不能再由劳动决定，而是由资本、土地和劳动等生产要素共同创造的。这是完全符合当时英国产业资产阶级的利益和要求的。这就是他的理论观点二重性的社会历史原因。

斯密在价值创造上的二元论，成为后人在价值理论上分歧的根源。古典学派的集大成者——大卫·李嘉图坚持了斯密的只有劳动才创造价值的正确观点，断然抛弃了斯密的双重价值观。李嘉图已经意识到，成为价值源泉的劳动是人的活动，而且是社会规定的人的活动，价值只是社会规定的劳动的体现，商品价值只能来自于人类的劳动。马克思指出："李嘉图，像所有值得提到的经济学家一样，……强调指出劳动是人的、而且是社会规定的人的活动，是价值的惟一源泉。"① 不仅如此，李嘉图还把劳动时间决定价值作为理解资本主义制度的内在联系的基础和出发点，并进一步论证了简单劳动与复杂劳动、直接劳动与间接劳动等在价值创造中的作用。他实际上认识到了"价值规律的充分发展，要以大工业生产和自由竞争的社会，即现代资产阶级社会为前提。"② 但是，他的劳动价值论有一个根本缺陷，这就是他对于资本主义生产方式的超历史观念。他把资本主义生产方式看作是自然的、永恒的。由于劳动产品的价值形式是资产阶级生产方式的最抽象的、但也是最一般的

① 《马克思恩格斯全集》第26卷，第197页。

② 马克思：《政治经济学批判》，人民出版社1976年版，第44页。

形式，因而，劳动产品成为商品，劳动创造价值也就是自然的、永恒的。他根本不可能认识到在资本主义社会中，劳动力已成为商品，不可能认识到劳动创造的价值超过劳动力自身价值的余额——剩余价值的真正来源，进而不可能在价值理论的基础上说明资本与劳动的交换关系问题，不可能认识到资本主义社会的价值转形问题，并最终导致古典经济学的破产。

第二节　马克思关于劳动和劳动价值论的原创含义

马克思关于劳动和劳动价值论的原创含义包括以下几个方面：

（1）马克思通过对商品的分析，发现了在商品的使用价值背后的价值，完成了对价值范畴的科学抽象，这是马克思确立科学的劳动价值论的前提。

马克思指出，“商品首先是一个外界的对象，是一个靠自己的属性来满足人的某种需要的物。……物的有用性使物成为使用价值。……不论财富的社会形式如何，使用价值总是构成财富的物质内容。在我们所要考察的社会形式中（即商品经济社会中——引者），使用价值同时又是交换价值的物质承担者。

交换价值首先表现为一种使用价值同另一种使用价值相交换的量的关系或比例。……同一种商品的各种有效的交换价值表示一个等同的东西，……这种共同的东西不可能是商品的……使用价值，……商品交换关系的明显特点，正在于抽去商品的使用价值。

如果把商品体的使用价值撇开，商品体就只剩下一个属性，即劳动产品这个属性。……随着劳动产品的有用性质的消失，体现在劳动产品中的各种劳动的有用性质也消失了，因而这些劳动的各种具体形式也消失了。各种劳动不再有什么差别，全都化为相同的人类劳动，抽象人类劳动。……这些物，作为它们共有的这个社会实体的结晶，就是价值——商品价值。

作为使用价值，商品首先有质的区别；作为交换价值，商品只能有量的差别，因而不包含任何一个使用价值的原子。……可见，使用价值或财物具有价值，只是因为有抽象人类劳动对象化或物化在里面。”① “劳动是唯一的价值源泉。”②

完成对价值范畴的科学抽象，是创立科学的劳动价值论的前提。而把价值放在商品内在的矛盾运动中来研究，正是马克思对劳动价值论进行变革的世界观和方法论特点。

（2）马克思发现并证明了生产商品的劳动的二重性，首创劳动二重性学说，这是马克思劳动价值论的核心。英国古典政治经济学的根本缺陷就在于他们缺少劳动二重性理论。

马克思在《资本论》中首先分析了具体劳动的特征。“由自己产品的使用价值或者由自己产品是使用价值来表示自己的有用性的劳动，我们简称为有用劳动。……有用劳动的总和，即表现了社会分工。……作为有用劳动，是不以一切社会形式为转移的人类生存条件，是人和自然之间的物质变换即人类生活得以实现的永恒的自然必然性。”③

接着分析了抽象劳动的特征。马克思以上衣和麻布为例，说明“作为价值，上衣和麻布是有相同实体的物，是同种劳动的客观表现。……如果把生产活动的特定性质撇开，从而把劳动的有用性质撇开，劳动就只剩下一点：它是人类劳动力的耗费。……是人的脑、肌肉、手等的生产耗费。”④

最后，马克思对劳动二重性与商品二因素之间的关系做了概括：“就使用价值说，有意义的只是商品中包含的劳动的质，就价值量说，有意义的只是商品中包含的劳动的量，不过这种劳动已经化为没有质的区别的人类劳动。在前一种情况下，是怎样劳动，什么劳动的问题；在后一种情况下，是劳动多少，劳动时间多长的问题。……一切劳动，从一方面看，是人类劳动力在生理学意义上的耗费；作为相同的或抽象的人类劳动，它形成商品价值。一

① 《马克思恩格斯文集》第5卷，人民出版社2009年版，第47-51页。

② 《马克思恩格斯全集》第26卷Ⅰ，人民出版社1975年版，第75页。

③ 《马克思恩格斯文集》第5卷，人民出版社2009年版，第55-56页。

④ 《马克思恩格斯文集》第5卷，人民出版社2009年版，第57页。

切劳动，从另一方面看，是人类劳动力在特殊的有一定目的的形式上的耗费；作为具体的有用劳动，它生产使用价值。”①

马克思十分重视劳动二重性的分析，认为：商品中包含的劳动的这种二重性，是首先由他批判地证明了的。“这一点是理解政治经济学的枢纽。”②是“批判地理解问题的全部秘密。”③

（3）马克思在劳动二重性学说的基础上，对价值量如何决定又如何变动的规律进行了详尽的考察，揭示了价值规律的主要内容。

商品的价值量是由生产商品的社会必要劳动时间决定的。“社会必要劳动时间是在现有的社会正常的生产条件下，在社会平均的劳动熟练程度和劳动强度下制造某种使用价值所需要的劳动时间。”④ 由社会必要劳动时间决定的价值称为市场价值或社会价值。与此相对应，高于或低于社会必要劳动时间的单个生产者所耗费的劳动时间，称为个别劳动时间，其形成的“价值”称为个别价值。

社会必要劳动时间随着劳动生产力的变化而变化。马克思指出：“劳动生产力是由多种情况决定的，其中包括：工人的平均熟练程度，科学的发展水平和它在工艺上应用的程度，生产过程的社会结合，生产资料的规模和效能，以及自然条件。”⑤ 劳动生产力的提高是这些因素综合作用的结果，其中科学的发展水平及其应用程度居首要地位。

关于劳动生产力与商品价值量的关系，需要作以下几点说明：

第一，按照马克思的论述，劳动生产力的提高就是同一社会必要劳动时间生产使用价值的效率的提高，劳动生产力与同一社会必要劳动时间生产的使用价值量成正比，而价值总量不变。“不管生产力发生了什么变化，同一劳动在同样的时间内提供的价值量总是相同的。”⑥

---

① 《马克思恩格斯文集》第5卷，人民出版社2009年版，第59-60页。
② 《马克思恩格斯文集》第5卷，人民出版社2009年版，第55页。
③ 《马克思恩格斯〈资本论〉书信集》，人民出版社1976年版，第250页。
④ 《马克思恩格斯文集》第5卷，人民出版社2009年版，第52页。
⑤ 《马克思恩格斯文集》第5卷，人民出版社2009年版，第53页。
⑥ 《马克思恩格斯文集》第5卷，人民出版社2009年版，第60页。

第二，按照马克思的论述，劳动生产力的提高就是生产某一商品的社会必要劳动时间的减少，而凝结在该商品中的社会必要劳动时间的减少就意味着这一商品所包含的价值量的减少。反之亦然。“可见，商品的价值量与实现在商品中的劳动的量成正比地变动，与这一劳动的生产力成反比地变动。”①

第三，按照马克思的论述，对个别企业来讲，劳动生产力的提高不仅会增加使用价值量，而且会相应地增加价值量。因为，个别企业劳动生产力提高以后，它的商品的个别劳动时间就会低于社会必要劳动时间，而商品的价值量是由社会必要劳动时间决定的，这样，劳动生产力高于平均水平的企业，在同一时间内就会形成更大的价值量。正如马克思所说：“生产力特别高的劳动起了自乘的劳动的作用，或者说，在同样的时间内，它所创造的价值比同种社会平均劳动要多。”这就是“相对剩余价值与劳动生产力成正比。它随着生产力的提高而提高，随着生产力降低而降低”② 的道理。

（4）马克思首先从交换价值中抽象出价值，在探讨了价值的质的规定性和量的规定性之后，又从价值回到交换价值，引出了关于价值形式的全面论述。

商品是使用价值和价值的统一体，因此商品具有二重形式，即自然形式（使用价值形式）和价值形式。价值形式是商品的社会形式，一个商品的价值只有在商品交换中才能表现出来。马克思指出：“商品只有作为同一的社会单位即人类劳动的表现才具有价值对象性，因而它们的价值对象性纯粹是社会的，那么不言而喻，价值对象性只能在商品同商品的社会关系中表现出来”③。

马克思详尽地研究了价值形式怎样从简单形式到扩大形式，又到一般形式，最后发展到货币形式的逻辑过程和历史过程，这种研究，“有时好像是纯粹演绎式的叙述，实际上是以交换和商品生产发展史的大量实际材料作根据

① 《马克思恩格斯文集》第5卷，人民出版社2009年版，第53-54页。
② 《马克思恩格斯文集》第5卷，人民出版社2009年版，第371页。
③ 《马克思恩格斯文集》第5卷，人民出版社2009年版，第61页。

的”①。关于价值形式的分析，对形成马克思的劳动价值理论具有非常重要的意义。它实际上是从价值形式形成和发展的过程中再一次深刻揭露价值的社会性质，揭露隐藏在价值形式后面的秘密。马克思通过对价值形式理论的全新的阐述，从而就彻底解决了古典经济学不能解决的价值与交换价值相互关系的难题，解决了为什么商品的价值不能直接地由耗费在它上面的劳动来衡量，为什么劳动会表现为价值，价值又为什么必须以价值的形式来表现的问题，价值为什么会具有商品世界的全部神秘性，即劳动的社会性质的物的外观，从而为在价值形式理论的基础上建立起马克思的科学的劳动价值理论奠定了基础。

（5）马克思通过分析商品拜物教，揭示了生产商品的劳动所特有的社会性质，从而论证了价值实质上是通过物的交换来实现人与人之间的劳动交换的经济关系。

马克思指出了商品社会的一般特征：“在商品生产者的社会里，一般的社会生产关系是这样的：生产者把它们的产品当作商品，从而当作价值来对待，而且通过这种物的形式，把他们的私人劳动当做等同的人类劳动来互相发生关系。”②

马克思指出了商品生产存在的一般条件及其发展过程。“分工是商品生产存在的条件。”③ 由于有了社会分工，才产生了交换的必要。“社会分工使商品占有者的劳动成为单方面的，又使他的需要成为多方面的。正因为这样，他的产品对他来说仅仅是交换价值。”④

“商品交换是在共同体的尽头，在它们与别的共同体或其成员接触的地方开始的。但是物一旦对外成为商品，由于反作用，它们在共同体内部也成为商品。”⑤ “商品生产和商品交换是极不相同的生产方式都具有的现象，尽管它

① 《列宁全集》第21卷，人民出版社1959年版，第42页。
② 《马克思恩格斯文集》第5卷，人民出版社2009年版，第97页。
③ 《马克思恩格斯文集》第5卷，人民出版社2009年版，第55页。
④ 《马克思恩格斯文集》第5卷，人民出版社2009年版，第127页。
⑤ 《马克思恩格斯文集》第5卷，人民出版社2009年版，第107页。

们在范围和作用方面各不相同。”① 而“只有在资本主义生产的基础上，商品生产才表现为标准的、占统治地位的生产形式。”②“资本主义生产方式……的趋势是尽可能使一切生产转化为商品生产，它实现这种趋势的主要手段，正是把一切生产卷入它的流通过程；而发达的商品生产本身就是资本主义的商品生产。”③

马克思指出：“商品形式的奥秘不过在于：商品形式在人们面前把人们本身劳动的社会性质反映成劳动产品本身的物的性质，反映成这些物的天然的社会属性，从而把生产者同总劳动的社会关系反映成存在于生产者之外的物与物之间的社会关系。”④ 只有当生产者同总劳动的关系……表现为人们在自己劳动中的直接的社会关系，而不是表现为人们之间的物的关系和物之间的社会关系的时候，商品生产才会消失。“只有当社会生活过程即物质生产过程的形态，作为自由联合的人的产物，处于人的有意识有计划的控制之下的时候，它才会把自己的神秘纱幕揭掉。但是，这需要有一定的社会物质基础或一系列物质生存条件，而这些条件本身又是长期的、痛苦的发展史的自然产物。”⑤

（6）马克思的劳动价值理论是一个内容丰富、不断展开的科学理论体系。

第一，关于形成价值的社会必要劳动时间的不断展开。在《资本论》第1卷中，马克思是在最纯粹的状态下考察形成商品价值的社会必要劳动时间，即“在现有的社会正常的生产条件下，在社会平均的劳动熟练程度和劳动强度下制造某种使用价值所需要的劳动时间。”⑥ 这里的社会必要劳动指的是简单劳动，即“每个平常人都能学会的而且是他必须以某种形式完成的简单劳动。……那种紧张程度较高、比重较大而超过平均水平的复杂劳动……可以

① 《马克思恩格斯文集》第5卷，人民出版社2009年版，第136页注（73）。
② 《马克思恩格斯文集》第6卷，人民出版社2009年版，第44页。
③ 《马克思恩格斯文集》第6卷，人民出版社2009年版，第127页。
④ 《马克思恩格斯文集》第5卷，人民出版社2009年版，第89页。
⑤ 《马克思恩格斯文集》第5卷，人民出版社2009年版，第97页。
⑥ 《马克思恩格斯文集》第5卷，人民出版社2009年版，第52页。

化作复合的简单劳动，高次方的简单劳动。”① 到了《资本论》第3卷，马克思把商品的市场供求关系加进来，又提出了另一种含义的社会必要劳动时间。马克思指出：“必要劳动时间在这里包含着另一种意义。为了满足社会需要，只有这样多的劳动时间才是必要的。……社会在一定生产条件下，只能把它的总劳动时间中这样多的劳动时间用在这样一种产品上。”② “如果某个部门花费的社会劳动时间量过大，那么，就只能按照应该花费的社会劳动时间量来支付等价。因此，在这种情况下，总产品——即总产品的价值——就不等于它本身所包含的劳动时间，而等于这个领域的总产品同其他领域的产品保持应有的比例时按比例应当花费的劳动时间。”③

当国内市场发展为世界市场，商品的国内价值发展为国际价值后，马克思又提出了决定商品国际价值的社会必要劳动时间。“国家不同，劳动的中等强度也就不同；有的国家高些，有的国家低些。于是各国的平均数形成一个阶梯，它的计量单位是世界劳动的平均单位。因此，强度较大的国民劳动比强度较小的国民劳动，会在同一时间内生产出更多的价值，从而表现为更多的货币……价值规律在国际上的应用，还会由于下述情况而发生更大的变化：只要生产效率较高的国家没有因竞争而被迫把它们的商品的出售价格降低到和商品的价值相等的程度，生产效率较高的国民劳动在世界市场上也被算作强度较大的劳动。一个国家的资本主义生产越发达，那里的国民劳动的强度和生产率，就越超过国际水平。因此，不同国家在同一劳动时间内所生产的同种商品的不同量，有不同的国际价值，从而表现为不同的价格，即表现为按各自的国际价值而不同的货币额。”④

第二，关于形成价值的生产劳动的不断展开。马克思在研究形成价值的生产劳动时，首先撇开了非物质生产领域，对物质生产领域中创造商品价值的劳动的特性进行分析，然后才展开对其他领域中的劳动进行分析。

---

① 马克思《政治经济学批判》，人民出版社1995年版，第15页。
② 《马克思恩格斯选集》第2卷，人民出版社1995年第2版，第545-546页。
③ 《马克思恩格斯全集》第26卷第1分册，人民出版社1972年版，第235页。
④ 《马克思恩格斯文集》第5卷，人民出版社2009年版，第645页。

例如，在《资本论》第一卷第五章，关于创造价值的生产劳动的概念只限于直接作用于劳动对象的物质生产领域的生产劳动，① 而到第1卷第十四章，则提出了“总体工人”“总体劳动”的概念。他认为，资本主义的生产劳动从一方面看是缩小了，因为，只有带来剩余价值的劳动才被资本家看作是生产劳动；从另一方面看又扩大了，作为总体工人的劳动，现在只是间接地作用于劳动对象，并且不一定亲自动手，就已经参与了价值和剩余价值的创造。马克思指出：“正如在自然机体中头和手组成一体一样，劳动过程把脑力劳动和体力劳动结合在一起了。后来它们分离开来，直到处于敌对的对立状态。产品从个体生产者的直接产品转化为社会产品，转化为总体工人即结合劳动人员的共同产品。总体工人的各个成员较直接地或者较间接地作用于劳动对象。因此，随着劳动过程的协作性质本身的发展，生产劳动和它的承担者即生产工人的概念也就必然扩大。为了从事生产劳动，现在不一定要亲自动手；只要成为总体工人的一个器官，完成他所属的某一种职能就够了。”② 在马克思所处的时代，作为总体工人的劳动至少应该包括两个部分：第一，直接作用于劳动对象的劳动者；第二，间接作用于劳动对象的劳动者。他们之中既包括一般职工，也包括经理、工程师和其他科技人员。这是马克思基于对社会化大生产的总体劳动的新特点的进一步考察，对以直接生产物质产品的劳动为例所分析的劳动价值学说的展开。

在《资本论》第二卷中，马克思分析的范围从直接生产过程扩大到流通过程，进一步认为，处在商品流通过程中对商品的运输、包装、分类、整理等作为生产在流通过程的继续的劳动也同样创造价值。在这里，不生产物品的、只要是为商品生产做必要的前期准备和后续过程的劳动，都成为创造价值的劳动。马克思在这里，实际上已把创造价值的劳动扩展到第三产业的广泛领域。

---

① “如果整个过程从其结果的角度，从产品的角度加以考察，那么劳动资料和劳动对象二者表现为生产资料，劳动本身则表现为生产劳动。”在本页的注（7）中，马克思又补充说：“这个从简单劳动过程的观点得出的生产劳动的定义，对于资本主义生产过程是绝对不够的。”《马克思恩格斯文集》第5卷，人民出版社2009年版，第211页。

② 《马克思恩格斯文集》第5卷，人民出版社2009年版，第582页。

在《资本论》第三卷中，马克思又把供求和竞争因素加进来，考察了商品价值如何在资本主义竞争中转化为生产价格。由劳动价值理论到生产价格理论，不仅仅是理论本身的一种展开，也是历史发展的必然。劳动价值理论与生产价格理论之间的关系，实际上是商品经济不同历史发展阶段的关系，"商品按照它们的价值或接近于它们的价值进行的交换，比那种按照它们的生产价格进行的交换，所要求的发展阶段要低得多。而按照它们的生产价格进行的交换，则需要资本主义的发展达到一定的高度"①。

在《资本论》第四卷，马克思进一步说明：在特殊的资本主义生产方式中，许多劳动者共同生产一个商品；随着这种生产方式的发展，这些或那些工人的劳动同生产对象之间直接存在的关系，自然是各种各样的。"资本主义生产方式的特点，恰恰在于它把各种不同的劳动，因而也把脑力劳动和体力劳动，或者说，把以脑力劳动为主或者以体力劳动为主的各种劳动分离开来，分配给不同的人。"② 马克思还说过，在商品生产过程中，有的人多用手工作，有的人多用脑工作，有的人当经理、工程师、工艺师等，有的人当监工，有的人当直接的体力劳动者或者做十分简单的粗工。在这里，作为经营管理者的经理和作为科技工作者的工程师等脑力劳动者，同样是创造价值的生产劳动者。

不仅如此，马克思还把资本家作为共同劳动的指挥者的管理活动看作是创造价值的劳动。"资本家在生产过程中是作为劳动的管理者和指挥者出现的，在这个意义上可以说，资本家在劳动过程本身中起着积极作用……这种与剥削相结合的劳动……当然就与雇佣工人的劳动一样，是一种加入产品价值的劳动"③。可见，马克思的劳动价值论包含着十分丰富的内容，这些内容又是随着逻辑的展开和历史的进程不断丰富和发展的。

---

① 《马克思恩格斯全集》第 25 卷，第 197-198 页。

② 《马克思恩格斯全集》第 26 卷第 1 分册，第 443-444 页。

③ 《马克思恩格斯全集》第 26 卷第 3 分册，第 550-551 页。

第三节　关于劳动价值理论的不同见解

一、马克思的劳动价值论与西方经济学中的价值理论的分野

价值理论是政治经济学理论的基石，不同的经济学派都有自己的价值理论。马克思认为，价值本质上是人与人之间的社会关系，这种认识是通过对商品范畴的两次抽象，第一次是抽象掉商品的使用价值，商品体就剩下一个属性，即劳动产品这个属性。第二次是再把生产产品的劳动的各种具体形式抽象掉，商品体就成为一个无差别的一般人类劳动的化身。这种无差别的人类劳动的单纯凝结就是商品的价值。可见，马克思的商品价值的概念是通过劳动二重性学说的发现而创立的。价值来源于商品生产者的抽象劳动，商品按照价值进行等价交换，实质上是人们在生产商品过程花费的等量劳动相交换。只不过这种等量劳动交换不是直接的，而是通过商品与商品的交换来实现的，人与人的关系采取了物与物交换的形式。马克思的劳动价值论就是要透过现象发现其背后隐藏的本质关系，为剩余价值理论奠定基础，进而揭示资本主义生产方式的剥削本质和运行规律，为无产阶级革命提供理论武器。所以，马克思说："商品中包含的劳动的这种二重性，是首先由我批判地证明了的。这一点是理解政治经济学的枢纽。"①

西方经济学家站在资产阶级立场上当然无须做类似马克思所做的价值抽象，因此，他们没有必要去区分价值与交换价值，即使已经接触到了价值，他们也不愿再去深究。如果透过交换价值再去深究价值关系，就会与他们的立场相悖。价值理论所表达的立场和理念，是任何一种学说、一个学者、一个学派的历史观的最本质的展现。对西方经济学家来说，研究交换价值和价

① 《马克思恩格斯文集》第5卷，人民出版社2009年版，第54-55页。

格就足够了，没有必要也不能再去深究它们背后的东西到底是什么了。这一点，就连能够对资本主义进行较为深入分析的古典经济学也不例外。正如马克思所说：“古典政治经济学的根本缺点之一，就是它从来没有从商品的分析，特别是商品价值的分析中，发现那种正是使价值成为交换价值的价值形式。恰恰是古典政治经济学的最优秀的代表人物，像亚当·斯密和李嘉图，把价值形式看成一种完全无关紧要的东西或在商品本性之外存在的东西。”① 马克思进一步分析了古典政治经济学产生这一根本缺陷的原因。指出：“这不仅仅因为价值量的分析把他们的注意力完全吸引住了。还有更深刻的原因。劳动产品的价值形式是资产阶级生产方式的最抽象的、但也是最一般的形式，这就使资产阶级生产方式成为一种特殊的社会生产类型，因而同时具有历史的特征。因此，如果把资产阶级生产方式误认为是社会生产的永恒的自然形式，那就必然会忽略价值形式的特殊性，从而忽略商品形式及其进一步发展——货币形式、资本形式等的特殊性。”② 而现代西方经济学中所谓的价值理论实质上是没有价值内容的交换价值理论或价格理论。他们只看到表面上的物与物的交换，他们所认识的价值只是人与自然的人与物的关系，甚至是物与物的关系。

那么，为什么说，西方经济学中的价值理论是不科学的？因为，我们这里讲的价值只是商品的价值。研究商品价值的目的是解释商品社会的最基本的现象，即不同种的商品为什么能够交换？对此问题，西方经济学不可能做出正确的回答。

效用价值即使用价值是不能解释这一现象的。效用价值论是在 19 世纪的 70 年代后期一直到 90 年代，在马歇尔的供求价值论出来之前流行的理论。这个学派认为效用决定价值，就是商品的价值大小是以商品的效用，特别是主观效用、边际效用所决定。如馒头，它有没有价值、价值有多大，是由它的效用而定。对于非常饥饿的人来说吃第一个馒头的效用最大，第二个馒头的效用就低，第三个馒头效用更低，第四个馒头对他而言就没有效用了，甚至

---

① 《马克思恩格斯文集》第 5 卷，人民出版社 2009 年版，第 98-99 页（注 32）。
② 《马克思恩格斯文集》第 5 卷，人民出版社 2009 年版，第 99 页（注 32）。

有反作用。所以，第一个馒头的价值最大，第四个馒头就没有价值了。效用决定价值的大小，这是效用价值论的基础原则。这实际上是用商品的使用价值来决定商品的价值，把价值与使用价值混在一起了。使用价值不能决定价值，决不能用使用价值作为社会的尺度，衡量社会经济关系。任何商品的使用价值都不能代替其他商品的使用价值。因为正是使用价值的不同才有商品交换的必要，而不同的使用价值是不能进行比较的。而且同一商品对不同的人又有着不同的效用，即使同一商品随着消费的数量变化其效用大小也是不同的，它们之间怎么相通呢？显然，用效用（包括边际效用）是说明不了具有不同使用价值的商品为什么能够相交换这一现象的。而马克思的劳动价值论认为商品的价值是由生产商品的必要劳动时间决定，使用价值是价值的载体，并不是使用价值决定商品的价值。使用价值的源泉和价值的源泉不一样。使用价值是物质财富，它的源泉是多元化的。马克思在《资本论》第一卷里引用了威廉·配第的话："土地是财富之母，劳动是财富之父"，就是说，生产使用价值的时候必须要有土地和劳动两个要素，而生产价值只能是共同的一般的抽象人类劳动。在《哥达纲领批判》中马克思还认为，使用价值的源泉除了劳动以外，还必须要有生产资料。就是说，使用价值的源泉包括劳动、土地、资本，还有自然条件。而价值的源泉只有活劳动。我们在理论上应该区别使用价值的源泉和价值的源泉，不能把它们混淆，现在有人硬把使用价值的源泉当作价值的源泉论述问题，从而引起很多混乱。

要素价值论也是不能解释这一现象的。要素价值论是法国经济学家萨伊在1800年到1815年间提出来的。他认为生产的三个要素生成价值，即劳动生出工资，土地生出地租，资本生出利润。这就是他的"三位一体"的公式。显然，萨伊把物化劳动或资本，也就是把机器、厂房、设备、原材料当作创造价值的源泉，起码说它要创造一部分价值。在他看来，物化劳动和活劳动共同创造商品价值，这是它的核心观点。这实际上是否定了劳动价值论。物化劳动是不能创造价值的，物化劳动只能转移价值，即把原材料的价值、机器设备的价值转移到生产的产品中。马克思的价值论是一元价值论，不是二元价值论或三元价值论，马克思认为只有活劳动才能创造价值。那么，物化劳动为什么不能创造价值呢？第一，物化劳动是活劳动转化而来的，它的本源是活劳动。机器、厂房、原材料、设备等都是从活劳动转化而来的，没有活劳动就没有这些东西。第二，物化劳动是靠活劳动进行推动才具有生命力。机器厂房、原材料不过是一堆死物，只有用活劳动进行推动，它才能发挥经济效用。第三，价值是一种生产关系，只有劳动者进行活劳动的交换，才能体现人和人的关系，死物不可能体现出人和人的关系。

供求价值论也是解释不了这一现象的。供求价值论认为商品的供求关系决定商品的价值，也就是供应曲线和需求曲线的交会之点决定商品的价值。马克思的劳动价值论与供求价值论的主要区别是：供求价值论认为价值是由流通领域决定的，而马克思认为决定价值的是生产领域，流通领域是实现价值。供求可分为长期供求和短期供求，长期供求影响价值形成，短期供求影响价格的形成，但它们不是决定价值，决定价值的仍然是在生产领域。在价值的实现领域产生三种情况：严重供不应求；严重供过于求；供求基本平衡。这三种状态对价值形成都有影响，但不是决定因素。如果说价值由供求决定，那么，当供求一致时的价值又怎么决定呢？显然，供求价值论回答不了的，也是不科学的。

二、商品中包含的劳动的二重性应当理解为历史范畴

价值是商品经济的范畴，它所表现的是商品生产者之间的社会关系。马克思指出：“在商品生产者的社会里，一般的社会生产关系是这样的：生产者把他们的产品当作商品，从而当作价值来对待，而且通过这种物的形式，把他们的私人劳动当作等同的人类劳动来互相发生关系。”① 虽然在这里马克思是把商品经济看作是私有制条件下的商品经济，但它不影响对价值作为商品经济特有的一般经济范畴的理解。马克思认为，在生产者都是不同利益主体的条件下，商品生产者的具体劳动虽然都是社会总劳动的一个组成部分，但

① 《马克思恩格斯文集》第5卷，人民出版社2009年版，第97页。

是这种劳动作为商品生产者的个别劳动，只有通过交换他们的劳动产品才能发生普遍的社会联系，他们个别劳动的特殊的社会性质也只有通过实际的交换才能表现出来。因此，价值不是表现人们在自己劳动中的直接的社会关系，而是表现人与物之间和物与物之间的社会关系。个别劳动中具体劳动的有用性也只有“通过它采取与自身直接对立的形式，即抽象一般性的形式，才变成社会劳动”①。因此，价值的形成过程，就是把商品生产中的具体劳动归结为抽象劳动，把个别劳动归结为社会劳动的过程。

这里的关键问题是对于抽象劳动范畴的理解。有人认为，体现在商品中的劳动二重性的抽象劳动是一个永恒的范畴。根据是马克思在《政治经济学批判〈导言〉》中曾说过类似的话，他说：“‘劳动’范畴正是由于它是一个最抽象的范畴，因而，适用于一切时代”②。我们认为，这种理解是不符合马克思本义的。因为就是在上面引文中，马克思紧接着就指出：“但是就这个抽象的规定性本身来说，同样是历史关系的产物，而且只有在这些关系之内才具有充分的意义”③。

那么，为什么会把抽象劳动理解为永恒的范畴呢？这里的问题恐怕是没有对劳动的抽象性与抽象劳动加以区分所产生的。马克思在《资本论》中讲“一切劳动，一方面是人类劳动力在生理学意义上的耗费；就相同的或抽象的人类劳动这个属性来说，它形成商品价值”④。请注意，这句话的中间既不是逗号，也不是顿号，而是分号。可见，作为人类劳动力在生理学意义上的人的脑、肌肉、神经、手等的生产耗费，不论是原始社会原始人的劳动，还是资本主义社会雇佣工人的劳动，都是一样的，它们之间没有什么实质性的差别。我们把这种劳动的耗费称之为“劳动的抽象性”。而这种“劳动的抽象性”，在不同的社会历史发展阶段的表现是不一样的。问题恰恰在于：在什么条件下，它才被当作形成商品价值的抽象劳动呢？显然，只有在商品经济的

① 《马克思恩格斯全集》第13卷，人民出版社1962年版，第22页。
② 参见《马克思恩格斯全集》第46卷上，人民出版社1979年版，第43页。
③ 同②。
④ 《马克思恩格斯文集》第5卷，人民出版社2009年版，第60页。

历史发展阶段才成为一个特定的经济范畴被确定下来。劳动的抽象性永远存在于人类劳动之中，而人类劳动作为形成商品价值的抽象劳动则是一个历史的范畴，它所表现的是一定社会形态的生产关系，而不是一切社会形态下的劳动的一般属性，否则，它就失去了作为一个经济范畴存在的意义。

也有一些人承认抽象劳动是一历史范畴，但却认为作为生产商品的劳动二重性的具体劳动是永恒范畴。这种理解同样也是值得商榷的。因为，马克思所讲的“具体劳动”，指的是“体现在商品中的劳动的二重性”的一个方面，而不是泛指一切社会形态下的劳动的具体支出形式。因此，如果承认商品经济是一定社会经济的历史形式，承认形成商品价值的抽象劳动是一历史范畴，那么，统一在劳动二重性中的另一方面，即具体劳动也就应该理解为历史范畴。生产商品的劳动的二重性是一个对立统一体，在这个统一体中，具体劳动是相对于抽象劳动而言的，同样，抽象劳动也是相对于具体劳动而言的，离开任何一方，都形不成劳动的二重性。所以，不能将劳动二重性理论割裂开来，说一重是历史范畴，另一重是永恒范畴。

那么，为什么有人会把具体劳动看作是永恒范畴呢？它与没有把劳动的抽象性与抽象劳动区别开来一样，也没有把劳动的具体性与具体劳动区别开来。马克思指出：“一切劳动，另一方面是人类劳动力在特殊的有一定目的的形式上的耗费；就具体的有用劳动这个属性来说，它生产使用价值。”① 请注意，这句话的中间仍然是分号，而不是逗号或顿号。任何一个社会的劳动都必须在具体形式下才能够进行，只有如此，才能生产出各不相同的使用价值来。我们把这种在不同社会中生产使用价值的劳动叫做劳动的具体性。而作为生产商品的劳动二重性的具体劳动，它不仅要生产出一个具体的使用价值，而且要生产出作为交换价值物质承担者的使用价值，生产出作为价值载体的商品体本身。从这种意义上看，具体劳动与抽象劳动一样是历史范畴。

为什么不能把抽象劳动和具体劳动看成是永恒范畴呢？关键在于把握它们所产生的经济条件和理解问题的辩证方法。马克思在其经济研究中，不论

---

① 《马克思恩格斯文集》第5卷，人民出版社2009年版，第60页。

是对生产，还是对劳动等范畴，都是既看到它们在一切社会中的共性，又看到、而且主要是看到它们在不同的社会形态中的个性。如对生产的分析，马克思讲，“对生产一般适用的种种规定所以要抽出来，也正是为了不致因见到统一（主体是人，客体是自然，这总是一样的，这里已经出现了统一）就忘记本质的差别。那些证明现存社会关系永存与和谐的现代经济学家的全部智慧，就在于忘记这种差别”①。抽象劳动和具体劳动之所以是历史范畴，是因为它们的产生都是以商品生产和商品交换为其经济条件的，离开了商品生产和商品交换这个特定的历史条件，产品不需要交换，劳动对劳动者来说就是直截了当的，不需要通过产品交换这种迂回的办法去相互比较，从而也不必要表现为商品价值的形式。当劳动与产品而不是与商品发生关系时，就不存在商品二因素和劳动二重性了。因此，我们论述抽象劳动和具体劳动，不能离开“存在有商品交换，相应地也存在有商品生产的那些社会形态”②。如果离开商品生产去谈劳动的抽象性和具体性，就不可能对这两个范畴有准确的把握和认识。马克思也正是从存在商品生产和商品交换的条件出发，从商品的二因素中引出对生产商品的劳动的二重性的分析，其目的在于说明价值的本质。对此，马克思曾说：“在分析商品的时候，我并不限于考察商品所表现的二重形式，而是进一步论证了商品的这种二重性存在体现着生产商品的劳动的二重性：有用劳动，即创造使用价值的劳动的具体形式，和抽象劳动，作为劳动力消耗的劳动，不管它用何种‘有用的’方式消耗……这是必须指出的……使用价值始终只是在这样一种场合才予以注意，即这种研究是从分析一定的经济结构得出的，而不是从空谈‘使用价值’和‘价值’这些概念和词得出的”③。对此，马克思强调：“商品中包含的劳动的这种二重性，是首先由我批判地证明了的。这一点是理解政治经济学的枢纽”④。他又进一步指出：“经济学家们毫无例外地都忽略了这样一个简单的事实：既然商品有二

① 《马克思恩格斯文集》第8卷，人民出版社2009年版，第9页。
② 《马克思恩格斯全集》第39卷，人民出版社1974年版，第404页。
③ 《马克思恩格斯全集》第19卷，人民出版社1963年版，第414页。
④ 《马克思恩格斯文集》第5卷，人民出版社2009年版，第54-55页。

重性——使用价值和交换价值，那么，体现在商品中的劳动也必然具有二重性，而像斯密、李嘉图等人那样只是单纯地分析劳动，就必然处处都碰到不能解释的现象。实际上，这就是批判地理解问题的全部秘密。”①

马克思运用劳动二重性学说，深刻地揭示了商品中包含的使用价值和价值的关系，揭示了价值和交换价值的关系，揭示了决定价值量的社会必要劳动时间和劳动生产力的关系，揭示了旧价值的转移和新价值的创造的关系，揭示了价值和剩余价值的关系，揭示了价值和生产价格的关系，揭示了价值和供求的关系，揭示了价值创造和价值分配的关系，从而解决了古典政治经济学遇到困惑的一系列难题，把劳动创造价值的基本观点贯彻到底。因此，要坚持马克思主义的政治经济学，就必须坚持马克思的劳动价值论。恩格斯在评价马克思时说，马克思一生有两大发现，一是唯物史观，二是剩余价值。正是这两大发现，才使社会主义由空想变成了科学。② 恩格斯又说：“要知道什么是剩余价值，他就必须知道什么是价值。……于是，马克思研究了劳动形成价值的特性，第一次确定了什么样的劳动形成价值，为什么形成价值以及怎样形成价值，并确定了价值不外就是这种劳动的凝固。”③ 马克思的劳动价值理论构成了马克思主义政治经济学全部理论的基础。也正因为劳动价值论是如此重要，才使得一切敌视马克思主义的资产阶级经济学家把推翻马克思主义的基点放在推翻马克思的劳动价值论上。也正像一位德国经济学者早已指出的那样，“驳倒价值理论是反对马克思的人的唯一任务，因为如果同意这个定理，那就必然要承认以铁的逻辑所做出的差不多全部结论”④。

三、非劳动生产要素在价值创造过程中的作用

这是与上一个问题相关的另一个问题。马克思认为，劳动的简单要素是

① 《马克思恩格斯全集》第32卷，人民出版社1976年版，第11-12页。

② 参见《马克思恩格斯选集》第3卷，人民出版社1995年版，第740页。

③ 《马克思恩格斯文集》第5卷，人民出版社2009年版，第21页。

④ 《马克思恩格斯全集》第16卷，人民出版社1965年版，第353页。

人的劳动、劳动对象和劳动资料。马克思指出："劳动过程的简单要素是：有目的的活动或劳动本身，劳动对象和劳动资料"①。"劳动首先是人和自然之间的过程，是人以自身的活动来中介、调整和控制人和自然之间的物质变换的过程"②。"土地（在经济学上也包括水）最初以食物，现成的生活资料供给人类，它未经人的协助，就作为人类劳动的一般对象而存在。……劳动资料是劳动者置于自己和劳动对象之间、用来把自己的活动传导到劳动对象上去的物或物的综合体"③。"如果整个过程从其结果的角度，从产品的角度加以考察，那么劳动资料和劳动对象两者表现为生产资料，劳动本身则表现为生产劳动"④。西方经济学把生产要素分为：劳动、资本和土地。

马克思劳动价值论的核心在于揭示了只有人的劳动而且是抽象劳动才是商品价值的唯一源泉。而西方学者则认为，价值的来源是多重的。早在古典经济学代表人物斯密那里，就已经提出了价值来源的二元论，即商品价值不仅由生产商品的劳动量来决定，而且取决于这个商品的交换领域所能换得的劳动量，这一换得的劳动量正好等于工资、利润和地租三种收入。因此，在他看来，能够创造价值的，除劳动要素以外，还有非劳动生产要素的资本和土地。前者被马克思批判地吸取，成为马克思劳动价值论重要的思想来源。后者被萨伊、马尔萨斯等学者加以继承和发展，形成了生产要素价值论。

非劳动生产要素到底能不能创造价值？这是当前我国经济理论界争论的一个焦点。市场经济的发展，出现了越来越多使经济学家费解的现象，如为什么人们占有了土地、资本、技术、信息等非劳动生产要素就可以得到各种收入？这些不靠劳动而取得的收入的来源究竟是什么？劳动价值一元论还符合当今社会的现实吗？

有人为了解释这些现象，提出了非劳动生产要素与劳动要素共同创造价

① 《马克思恩格斯文集》第5卷，人民出版社2009年版，第208页。
② 《马克思恩格斯文集》第5卷，人民出版社2009年版，第207-208页。
③ 《马克思恩格斯文集》第5卷，人民出版社2009年版，第208-209页。
④ 《马克思恩格斯文集》第5卷，人民出版社2009年版，第211页。

值的观点。也有人仍然严格坚持马克思的理论逻辑，坚持劳动价值一元论，而反对非劳动生产要素与劳动要素共同创造价值的观点。

我们认为，价值作为凝结在商品中的一般人类劳动这一质的规定性本身就说明，劳动是创造价值的唯一要素，非劳动生产要素不创造价值。对此，有人可能会说，单靠劳动是创造不出任何社会财富的。既然如此，怎么能说劳动是创造财富的唯一源泉呢？马克思不是也赞成早期古典经济学家配第的“劳动是财富之父，土地是财富之母”的观点吗？这里关键的问题仍然在于是否真正理解马克思的劳动二重性学说，是否根据马克思的劳动二重性学说区分了两种不同的财富。

马克思认为，商品是使用价值和价值的统一体。商品作为使用价值，构成物质财富；商品作为价值，构成价值财富。商品的二因素决定于生产商品的劳动的二重性，即具体劳动和抽象劳动。生产商品的劳动，从一方面看，是在不同的形式下进行的各不相同的具体劳动，作为具体劳动，生产出具有不同使用价值的各种各样的商品，即创造物质财富，满足人们不同的各种需要。具体劳动的门类越多，反映社会分工越细，生产力越发展，从而创造的物质财富就越丰富。从另一方面看，生产不同商品的劳动又被化作它们作为人类劳动力的耗费，即人的体力和脑力的单纯支出，作为抽象劳动，形成商品的价值，即创造价值财富，形成具有共性的商品价值。具体劳动体现劳动的质，表明怎样劳动和什么劳动的问题；抽象劳动体现劳动的量，表明劳动多少和劳动时间多长的问题。在马克思看来，在商品经济社会，不同的商品，只有作为抽象劳动的结晶即价值，才能相互比较和进行等价交换。商品价值同它借以表现的使用价值的特殊形式是没有关系的。

承认人类的抽象劳动是价值的唯一源泉，并不否认非劳动要素在商品生产过程中的重要作用。马克思的劳动价值论一方面强调商品的价值体现的是人类劳动本身，是一般人类劳动的单纯耗费；另一方面又肯定商品体本身就是使用价值或财富，并承认使用价值是商品交换价值的物质承担者。因此，就物质财富的创造来说，“劳动不是一切财富的源泉。自然界同劳动一样也是使用价值（而物质财富就是由使用价值构成的）的源泉”①；“种种商品体，是自然物质和劳动这两种要素的结合。……人在生产中只能像自然本身那样发挥作用，就是说，只能改变物质的形式。不仅如此，他在这种改变形态的劳动本身中还要经常依靠自然力的帮助。因此，劳动并不是它所生产的使用价值即物质财富的唯一源泉。”② 由此可见，商品，就其价值来说，构成价值财富，只能由劳动创造；就其使用价值来说，构成物质财富，是人和自然界相结合的产物。商品是使用价值和价值的统一体，商品的生产过程就是物质财富和价值财富创造的统一。根源在于生产商品的同一劳动具有的二重性质。作为具体的有用劳动创造使用价值；作为相同的抽象劳动形成商品的价值。商品的生产是物质财富和价值财富的生产，在商品生产中，非劳动要素虽然不创造价值，但却是形成商品物质财富的不可缺少的因素，因而对商品的生产过程发挥着重要的作用。

第四节　马克思劳动价值理论的现实意义

一、新技术革命与劳动价值论的新内涵

科学技术特别是高新技术的迅速发展，是与马克思写作《资本论》时不同的一个新情况。在马克思和恩格斯逝世之后，尤其是第二次世界大战以来，科学技术发展的速度、规模和对生产力的推动作用是史料未及的，而从 20 世纪末期以来所产生的又一轮新技术革命，对生产力的发展乃至人类社会的影响则更是空前的。如果把第一次技术革命称作机械化，第二次技术革命称作电气化，第三次技术革命称作电子化，那么，第四次技术革命可以称作智能化，即人们称之为的新技术革命。新技术革命是指以微电子技术为核心的，

① 《马克思恩格斯选集》第 3 卷，人民出版社 1975 年版，第 5 页。

② 《马克思恩格斯文集》第 5 卷，人民出版社 2009 年版，第 56 页。

新材料、新能源、生物工程、海洋工程等相互渗透、相互促进，从而对国民经济产生更大推动作用的过程。新技术革命的后果主要是对人的大脑的解放。例如，电子计算机在全社会的广泛应用，信息高速公路和多媒体的快速发展，都是人的智力的扩大和延伸，知识化或智能化在新技术革命中居于核心地位。新技术革命带来的经济社会的巨大变化，向马克思的劳动价值论提出了新的挑战。按照马克思劳动价值论原理，商品的价值量与劳动生产率成反比。那么，随着先进技术在生产过程中的运用，劳动生产率有了极大的提高，为什么社会物质财富和价值财富不但没有减少，而且却有极大地增多？除工人的活劳动之外，科学、技术、知识、信息等是否也成为价值的来源？

我们认为，应从以下两个方面来回答以上问题：

（1）新技术本身有价值，而且可以转化为新的生产力，但不创造价值。如一项发明专利，一份研究报告，一个设计方案、一个电子软件等，都是人类劳动（主要原因是脑力劳动）的产物，而且往往是复杂程度很高的活劳动的结晶。新技术一旦在生产中运用就可以转化为巨大的生产力。如生物技术运用于农业生产，既能够大大缩短生产周期，又能够极大地提高产量。但新技术本身不会创造价值。价值只是无差别的人类劳动的单纯凝结。在商品的交换价值中不包含任何一个使用价值的原子。新技术无论多么先进，它的运用无论造成劳动生产率多么大程度的提高，但它终究仍是生产资料。它与当年马克思所说的科学技术不创造价值的观点没有本质的区别。马克思说："自然界没有创造出任何机器，没有制造出机车、铁路、电报、走锭精纺机，等等。它们是人类劳动的产物，是变成了人类意志驾驭自然的器官或人类在自然界活动的器官的自然物质。它们是人类的手创造出来的人类头脑的器官；是物化的知识力量。"① 物化的知识凝结有价值，但它本身不是价值。即使是自动化程度再高的机器设备也还需要人操纵才能正常运转，才能生产出合格的产品。否则，再灵巧的设备也会发生故障并造成严重的损失。生产自动化的特点只在于需要较少的活劳动去操作，而不能完全代替或取消活劳动。它

① 《马克思恩格斯全集》第46卷上，人民出版社1979年版，第219页。

和别的生产工具的差别仅在于操作人员的数量不同，就价值形成过程中的地位和作用来看，并没有本质性的变化。它对生产力的提高具有巨大的作用，有利于增加使用价值，而不直接加进价值，不是价值的创造者。而且新技术的原有价值是通过工人的具体劳动才转移到新产品中去成为新产品价值的一个组成部分的。“它们在劳动过程中所能丧失的最大限度的价值量，显然是以它们进入劳动过程时原有的价值量为限，或者说，是以生产它们自身所必要的劳动时间为限。因此，生产资料加到产品上的价值决不可能大于它们在自己参加的劳动过程之外所具有的价值。……如果它在进入劳动过程之前没有价值，它就不会把任何价值转给产品。”

（2）新技术在价值形成中具有重要的影响。一方面，从创造价值的劳动的内涵上看，新技术在生产中的广泛应用，使科技劳动成为创造价值的劳动的主要形态。新技术的运用与科技劳动者的复杂劳动有着直接的关系。因为，首先，科学技术在生产中的运用，除使生产资料的效率和效能得到提高以外，对劳动力的素质提出了更高的要求，经过教育和再培训的劳动者具有更多的科技知识和更熟练的生产技能，能从事更为复杂的劳动，他们的复杂劳动在相同的时间内可以创造出更多的价值；其次，为了适应技术发展的需要，经过不断教育和再培训的工人将会日益成为掌握更多知识技能和更能熟练操作的“知识工人”，他们在社会再生产过程中会占有越来越重要的地位；最后，由于新技术之间的相互渗透和相互影响，又会不断形成由高技术科技人员、高水平管理人员和高技能操作人员有机组合而成的集合劳动者，这种同新技术要求相适应的集合劳动者会产生一种“集合力”，所提供的劳动是多倍的更高级的复杂劳动，在单位时间内会创造出更多的价值。另一方面，从创造价值的劳动的外延上来看，随着科学技术的发展，总体劳动在价值的创造上将成为主要形式。在新技术体系基础上的社会化生产方式中，劳动过程简单化了，劳动表现为不再像以前那样被包括在生产过程中，相反地，表现为人以生产过程的监督者和调节者的身份同生产过程本身发生关系。工人不再是生产过程的主要当事者，而是站在生产过程的旁边，甚至处于工厂之外。所有这些，正像马克思所说的总体工人的总体劳动的概念将随着新技术的广泛采用而不断扩大，创造价值的劳动的范围也在不断的扩大。因此，新技术的应用能够造就更为复杂的劳动者，创造更大的价值量。

二、第三产业的劳动与劳动价值论

第三产业的快速发展，并在现代经济中占有越来越大的比重，具有越来越重要的作用，这是与马克思写作《资本论》时不同的又一个新情况。怎样看待第三产业的劳动，它是否创造价值？这已成为人们高度关注并引起学术界激烈争论的重大问题。我们认为，根据马克思的劳动价值论，对第三产业的劳动是否创造价值，应作具体分析。不能简单地一概肯定或一概否定。

关于第三产业的内涵，不同国家的政府和经济学家有着不同的认识。如运输业，日本列入第三产业，美国则列入第二产业。按照我国国家统计局1992年《中国国民经济核算体系（试行方案）》的规定，第一产业是农业，第二产业是工业和建筑业，第三产业包括商业、公共饮食业、物资供销和仓储业、交通运输业、邮电通信业、地质普查和勘探业、房地产管理、公共事业、居民服务和咨询服务业、卫生、体育和社会福利事业、教育、文化艺术和广播电视业、科学研究和综合技术服务事业、金融、保险业、国家机关、党政机关和社会团体、其他行业。该方案还将农业、工业、建筑业、商业、公共饮食业、物资供销和仓储业、邮电通信业列入物质生产部门。交通运输中的货物运输列入物质生产部门，旅客运输列入非物质生产部门。第三产业的其他所有领域，均被列入非物质生产部门。对繁多复杂的第三产业的劳动是否创造价值，必须加以具体分析。

农业、工业、建筑业的劳动创造价值，这是公认的。商品运输、分类、包装、保管等劳动，属于生产过程在流通领域的继续的劳动创造价值，这也是没有争议的。纯粹商业人员的劳动是否创造价值？按照《资本论》中的分析，是只实现价值而不创造价值。而在现实的经济活动中，实际上很难把纯粹商业劳动与商业运输、分类、包装、保管等商业劳动截然分开。拿商店营业员来说，他把商品从仓库里搬到货架上，再从货架上交给顾客，其中既有商品的运输，又有商品的包装和保管，这些劳动难道说就只是纯粹商业劳动而不是商品的使用价值从生产者手里转移到消费者手里所必须付出的劳动，不是创造价值的劳动吗？

生产劳务的劳动是不是创造价值的劳动？有人认为，只有物质生产部门的劳动才是生产性，才创造价值。服务劳动不属于物质生产部门的劳动，因而不创造价值。我们认为，劳务也是一种商品，生产劳务的劳动就是生产劳务这种商品的劳动，它同样创造价值。马克思指出："服务这个名词，一般地说，不过是指这种劳动所提供的特殊使用价值，就像其他一切商品也提供自己特殊使用价值一样；但是这种劳动的特殊使用价值在这里取得了'服务'这个特殊名称，是因为劳动不是作为物，而是作为活动提供服务的，可是，这一点并不使它如同某种机器（如钟表）有什么区别。我给为了你做，我做为了你做，我做为了你给，我给为了你给，在这里是同一关系的、意义完全相同的几种形式"①。

马克思所讲的商品价值，"只是无差别的人类劳动的单纯凝结，即不管以哪种形式进行的人类劳动力耗费的单纯凝结"②。马克思认为，抽象劳动只有凝结在使用价值中才能形成价值实体。使用价值是价值实体的承担者，至于这种使用价值是有形产品，还是劳务，并不影响问题的实质。

承认劳务劳动能创造价值，同马克思的劳动价值论并不矛盾。诚然，马克思在《资本论》第1卷中所分析的是物质生产领域内资本主义生产关系，商品价值只是表现为物质产品的商品的价值。但是，这并不排斥《资本论》第2卷、第3卷和第4卷中把资本主义生产劳动外延扩展到商业、邮电、交通，扩展到精神产品生产和劳务生产领域。马克思认为劳务具有使用价值和价值，可以作为商品来生产和交换的观点是明确的，对于提供这些服务的生产者来说，服务就是商品。服务商品的价值实体同样是人类一般劳动的凝结，服务劳动应属于生产劳动。

教师的劳动是不是创造价值的劳动？有人认为，教育部门不属于物质生

① 《马克思恩格斯全集》第26卷第1分册，人民出版社1972年版，第363页。

② 《马克思恩格斯文集》第5卷，人民出版社2009年版，第51页。

产部门，教师的劳动不创造价值。我们认为，教师的劳动实际上也是科学劳动的一部分，通过教师的劳动，使文化知识、科学技术得以传播、继承和发展，并通过培养出来的具有各种不同的专门知识和技术的劳动者即人才，得以保存。教师的劳动凝结为各种专业技术人才的劳动能力，成为劳动力价值的重要构成部分。因此，我们认为，教师的劳动作为科学劳动，应看作是创造价值的劳动，所不同的是，有的价值凝结在物质产品中，有的价值凝结在劳动者身体当中。

这里的关键是，创造价值的劳动的概念到底应该扩大到什么程度？有人提出，凡是有用劳动都是创造价值的劳动。我们认为，有用劳动是指具有某种有用形式的劳动，是有用的具体劳动。有用的具体劳动虽然能创造出某种有用的物品，但作为创造商品价值的劳动，恰恰是撇开了具体的有用形式的劳动即抽象劳动。把有用劳动看作是创造价值的劳动，恰恰抹杀了具体劳动和抽象劳动的区别而偏离了马克思的劳动价值论。有人指出，既然创造价值的劳动是社会需要的劳动，因此，凡是满足社会需要的劳动都是创造价值的劳动。我们认为，创造价值的劳动必须是能够满足人们某种需要的劳动，而且是只花费在社会必要的时间上。但是，不能反过来说，只要是社会必要的能够满足人们某种需要的劳动都是创造价值的劳动。例如，警察、法官、军人、政府官员等，他们的劳动是社会需要的，也只是花费在社会必要的时间上，但他们的劳动并不创造价值。否则，政府、军队和公检法部门就不应该吃国家财政而应给国家提供税收了。我们要在理论上和实践中走出以是否创造价值作为划分劳动的高低贵贱的标准的误区。

第四章　马克思的货币理论

货币理论是马克思主义政治经济学最重要的理论之一。在经济学说史上，马克思从商品价值的内在规定上，在对价值形式从简单的偶然的价值形式到扩大的价值形式，再到一般的价值形式、最后到货币形式发展序列的分析中，揭示了货币的起源和本质，从而使货币理论第一次建立在科学的劳动价值理论的基础之上。在此基础上，马克思进一步分析了货币与经济增长、货币与虚拟经济、货币与经济金融危机等问题，形成了完整的马克思的货币理论。

第一节　马克思货币理论的思想来源

货币的起源是与商品交换联系在一起的。根据中国古书的记载，在神农氏的时候，“日中为市，致天下之民，聚天下之货，交易而退，各得其所”。这里的交换是物物交换。在交换不断发展的过程中，逐渐出现了货币。在中国，最早的货币是贝壳。司马迁在《史记》中说：“农工商交易之路通，而龟贝金钱刀布之币兴焉。”在中国古代汉字中，与商品交换相关并成为交换媒介的字一般都有贝字偏旁。

在西方，关于货币的起源有以下两种说法。一种说法认为，货币是人们为了克服物物交换的困难协商产生的。英国古典经济学大师亚当·斯密指出，货币是聪明人发明的，是为了解决在直接物物交换过程中的困难而协商产生的。他认为，人们具有相互交换各自物品的意向产生于社会分工。即分工产生交换。因为分工一方面使人们的劳动成为单一的行为，另一方面又造成产品的多样化，为了满足人们多样化的产品需求，就必须进行交换，一切人都要依赖交换才能生活。最初的交换是物物直接交换，但众多商品之间交换要成功往往是困难的。例如，屠户和面包师都有商品要求进行交换。屠户有多余的肉要求交换酒，面包师有多余的面包要求交换布，由于双方不具有各自需要的产品，所以不能成交。为了使交换便利，一些聪明的人在交换之前，往往会携带在身边一些他认为大家都不会拒绝的东西，这种物品就是货币。由于金属有不易磨损、便于分割并能长期保存等优点，故金属逐渐成为货币。他认为，货币先是铜铁，后是金银，先是自然条块，后由国家铸造。①

另一种说法认为，货币是由国家规定或创造的。古希腊哲学家亚里士多德就提出了货币是国家规定的见解。亚里士多德在《伦理学》中对商品的价值形式和货币起源进行了独到的分析。他指出，一种商品的价值可以通过任何其他商品（不论是物品还是货币）来表现，商品交换的前提是由于它们之间具有等一性，正是货币才使得不同商品成为同类或相等的。他认为，世界上的每种物品都有两种用途，一是能满足人们的某种需要，二是能够用来交换。物品之所以能够相互交换，是因为它们之间有某种可以通约的地方。货币就像尺度一样，可以使物品通约，从而可以使它们相互交换。他说，假设 1 张床等于 1 个单位货币，1 间屋等于 5 个单位货币，5 张床便等于 1 间屋。在这里，他实际上是把货币看作是交换的媒介了。亚里士多德论述了交换从物物交换开始，进而过渡到以货币为媒介的交换，即小商业，继而过渡到以获取货币为目的的交换，即大商业。前者交换的目的是获得使用价值，交换属于“家庭管理”之内。大商业是为获取货币目的而进行交换，它无限制地追求货币财富。这种交换属于“货殖”，它是反自然的。亚里士多德指出货币对一切商品起着一种等同关系即等价关系的作用，从而成为最早分析商品价值形态和货币性质的学者，觉察出商品交换是从商品—商品，到商品—货币—商品，再进而过渡到货币—商品—货币的历史发展过程。那么，货币是怎么

① 亚当·斯密：《国民财富的性质和原因的研究》商务印书馆 1972 年版。

产生的？亚里士多德认为，货币不是天然产生的，它是由国家根据法律规定，并根据法律废除的。

第二节　马克思货币理论的主要内容

一、货币的起源

马克思在吸取前人货币理论的基础上，提出了自己的货币起源理论。关于货币起源的理论有两个基本观点。第一，货币是在长期的商品交换过程中自发产生的，是商品价值形式发展的必然结果，而不是某个聪明人发明的；第二，货币产生的根本原因在于商品经济的基本矛盾，即在于个别劳动和社会劳动之间矛盾运动的必然结果。而不是国家法律可以任意规定或者废除的。

货币的产生是商品价值形式发展的必然结果。商品既然具有使用价值和价值两重属性，因此它也就必然具有两重形式，即使用价值形式和价值形式。商品的使用价值形式就是商品的自然形式，这种形式是人们直接就可以感触到的。但商品的价值形式是商品的社会属性，只有通过不同商品之间的社会关系即交换关系，才能表现出来。因此，交换价值就是价值的表现形式。人们也只有从商品的交换价值中，在交换过程中，才能把商品的价值表现出来。

那么，一个商品的价值是怎样通过它的交换价值表现出来的呢？最初的交换出现于原始社会末期，马克思讲的是在共同体的尽头，即在一个公社与另一个公社交界的地方开始的。这种交换带有偶然性，叫作简单的、偶然的价值形式。用等式来表示为

一只绵羊=2把斧头

在这个等式中，绵羊的价值通过与斧头的交换表现出来了，一只绵羊的价值是2把斧头。在这里，绵羊的价值不是由它本身直接表现出来，而是借助于斧头相对地表现出来，因此它是处于相对价值形式上。相反，斧头本身

并不表现自己的价值，而是充当绵羊价值的表现材料，证明绵羊和自己具有相同的价值，因此，它是处于可以直接与绵羊交换的形式，即等价形式上。既然等价形式可以与别的商品直接交换，那么，等价形式的自然形式即使用价值就成了直接表现价值的形式，花费在等价形式上的具体劳动就成了表现价值材料的抽象劳动的直接化身，生产等价形式的私人劳动就成了直接的社会劳动。这就是等价形式的三个特征。

简单价值形式是最古老、最原始的价值形式。随着生产力的发展，随着第一次社会大分工①的出现，交换逐渐成为一种经常性的现象。这时，一种商品已经不是偶然地与另一种商品相交换，而是可以与许多种商品相交换了。商品交换的范围扩大了，价值表现也就由简单的价值形式过渡到了扩大的价值形式，一种商品的价值不是偶然地表现在另一种商品上，而是经常地表现在一系列其他商品上。这时，商品价值的表现比以前充分了，但是处于等价形式上的商品是多种多样的，它们之间相互排斥，如果有绵羊的人想要麻布，有麻布的人不要绵羊，想交换上衣，但有上衣的人又不想要麻布，而是想要茶叶，有茶叶的人不要上衣而要黄金，如此这般，交换成功就非常困难。价值就难以实现。

“问题和解决问题的手段同时产生。”② 随着交换的不断发展，进入交换的商品越来越多，交换行为越来越频繁，必然会有某种商品进入交换的次数较多，其使用价值日益为进入交换的人们所需要，从无数的商品中就必然地逐渐分离出一种商品来，其他一切商品都习惯地与它相交换，通过它来表现自己的价值。在这种价值形式上，“商品的价值表现：一是简单的，因为都是表现在唯一的商品上；二是统一的，因为都是表现在同一种商品上。它们的价值形式是简单的和共同的，因而是一般的。”③ 这种能够与其他许多种商品直接交换的商品就成为一般等价物。随着交换范围的扩大，这种一般等价物

① 原始社会后期，随着社会生产力的发展，畜牧部落从其他部落中分离出来，形成专门的生产部门，叫作社会的第一次大分工。

② 《马克思恩格斯文集》第5卷，人民出版社2009年版，第107页。

③ 《马克思恩格斯文集》第5卷，人民出版社2009年版，第81页。

逐渐固定地由某一种商品即黄金或白银来充当，这种固定充当一般等价物的商品就成了货币。所以，货币本质上是一般等价物。金银充当一般等价物，不是它们的自然属性决定的，而是在一定的历史条件下由社会赋予它们的属性。但一般等价物固定在金银上，则与它们的自然性质有关，如它们体积小、价值大、不易损坏、可以分割和熔合、便于携带和保存等。这些特性使它们最终取得货币商品的地位。所以“金银天然不是货币，而货币天然是金银。”①

马克思认为，从一般价值形式到货币形式没有本质的变化。这两种价值形式的唯一区别在于，在货币形式上，金代替其他商品取得了一般等价形式，固定地充当了一般等价物。而且，金固定充当一般等价物是人们的社会交换过程和金本身所具有的自然形式相结合的产物。一方面，“只有社会的行动才能使一个特定的商品成为一般等价物。”② 马克思指出：“金成为观念的货币或价值尺度，是因为一切商品都用金来计量它们的价值，从而使金成为它们的使用形态的想象的对立面，成为它们的价值形态。金成为实在的货币，是因为商品通过它们的全面让渡使金成为它们的实际转换或转化的使用形态，从而使金成为它们的实际价值形态。商品在它的价值形态上蜕掉了它的自然形成的使用价值的一切痕迹，蜕掉了创造它的那种特殊有用劳动的一切痕迹，蛹化为无差别的人类劳动的同样的社会化身。因此，从货币上看不出它是由哪种商品转化来的。在货币形式上，一种商品和另一种商品完全一样。因此，货币可以是粪土，虽然粪土并不是货币。”③

另一方面，一般等价物作为表现商品世界的一切商品价值的材料，不仅要表现出各种商品在价值上质的等同性，而且还必须以金的自然形式表现出各种商品在价值上的量的关系或比例。这就要求作为一般等价物的商品，必须在物质形态上能够做任意分割，而且被分割的每一部分必须具有均质性。金或银在物质上正好具有这种可分割性和均质性的特点。

---

① 《马克思恩格斯文集》第5卷，人民出版社2009年版，第108页。

② 《马克思恩格斯文集》第5卷，人民出版社2009年版，第105页。

③ 《马克思恩格斯文集》第5卷，人民出版社2009年版，第128-129页。

再一方面，金作为一般商品与其他特殊商品相对立，正是由于人们在长期的交换活动中，金早已作为等价形式在交换中发挥过作用。而当金一旦在商品世界取代了别的任何商品固定地充当一般等价物的地位时，金或银就成了货币，一般等价形式就转化为货币形式。

货币形式是最发达的价值形式。它出现以后，整个商品世界被固定地分裂为对立的两极，一极是商品，以使用价值出现；另一极是货币，以价值形式出现。这样，商品内在的使用价值和价值的矛盾，就表现为外部的商品和货币的对立。一个人一旦手里有了货币，便可以购买他想要的一切商品。在商品社会里，特别是在私有制占统治地位的商品社会里，人们追逐金钱，实际上就是为了获得控制和支配社会财富的权力，因为货币作为价值形式本身就是社会财富的象征。但货币不等于就是社会财富本身。如果货币交换不到人们所需要的各种物品，它就代表任何财富。如果把财富直接等同于黄金或白银并把它夸大为人们追求的唯一目的，就会导致一个荒谬的结论。西方有一个寓言，说的是一个国王祈求上帝给他一个法术即点成金，凡是他碰到的东西都能变成黄金。他碰到了食物，食物就变成黄金，碰到了水，水就变成了黄金，碰到了衣服，衣服就变成了黄金，碰到了他心爱的女儿，他的女儿也变成了黄金。最后他只有黄金没有任何自己可以使用的物品和亲情，可以说是一无所有了。在中国古代《汉书》中也有记载："珠玉金银，饥不可食，寒不可衣"①。马克思对此也作了深刻的揭露。马克思提出，货币能够直接与一切别的商品相交换的性质，使商品拜物教发展到货币拜物教。货币本来是一种普通的贵金属，本身并没有什么神秘的地方。但商品交换使它成了一般等价物，成了价值的绝对化身。有了货币就可以购买一切，得到一切，失去货币也就失去了一切。于是一切都颠倒过来了，人类劳动的这个产物成了支配人自身并决定其命运的神奇的力量，而它的金光闪闪的外貌更增加了它的迷人色彩。这就是货币拜物教。因此，马克思讲："货币拜物教的谜就是商品拜物教的谜，只不过变得明显了，耀眼了。"②

---

①《汉书·食货志上》。

②《马克思恩格斯文集》第5卷，人民出版社2009年版，第113页。

货币的产生是商品经济基本矛盾运动的必然结果。众所周知，商品是用来交换有劳动产品，具有使用价值和价值两个内在因素。使用价值是能够满足人们某种需要的属性，作为商品的使用价值不是为生产者自己而是为别人、为社会的使用价值，商品生产者生产商品的目的不是为了得到使用价值，而是为了得到价值。但是，商品生产者只有让出使用价值才能得到价值。商品的两个因素是由生产商品的劳动的二重性产生的。具体劳动创造商品的使用价值，抽象劳动形成商品的价值。生产商品的劳动之所以具有二重性，是以商品经济的基本矛盾即私人劳动和社会劳动的矛盾为基本前提的。在商品经济条件下，生产商品的劳动直接是独立的个人或生产者的事情，这些个人或生产者生产某种商品的劳动总是采取某种具体形式，是具体形式的劳动即具体劳动；但生产者这种私人劳动在社会分工条件下又是整个社会劳动的一个有机组成部分，具有社会劳动的性质。社会分工的发展会造成两重结果：一是生产者的劳动越来越具有单一性；二是社会生产的商品的种类越来越多样化。人们劳动的单一性与需要的多样化之间的矛盾，个人劳动转化为社会劳动只有通过交换才能得到解决。在交换中如果商品卖不出去，就说明商品生产者的个别劳动是不为社会所承认的对别人和社会无用的劳动，个别劳动就转化不成社会劳动。如果商品卖出去了，就说明商品生产者的个别劳动是社会所承认的对别人和社会有用的劳动，个别劳动就转化为社会劳动。所以，商品经济中商品二因素的矛盾、劳动二重性的矛盾以及个别劳动和社会劳动的矛盾，只有通过交换才能解决，交换是商品经济矛盾的解决方式。随着商品经济的发展，进入交换过程的商品种类和数量的增多，就越来越需要交换这种解决形式。在长期的商品交换中产生了货币。所以，商品经济基本矛盾的展开，是导致货币产生的根本原因。

对于货币的起源，古今中外很多经济学家都看到了它与交换的联系，也引述过很多生动的事例进行了多方面的分析，他们大多也认为，货币只是进入交换的多种商品中的一种。马克思的分析也基本上是沿着这条思路展开的。但是，马克思则把货币的起源分析推进到一个新高度。这个新高度的显著特征就是，从他的最深刻的商品二因素中关于价值表现的过程中，从他的最完整的劳动价值论揭示出推动这一进程的基本矛盾，即从社会分工和不同利益主体的两个基本条件下产生的社会劳动和个别劳动的矛盾运动中，揭示价值独立表现的必然性，并通过价值形式的发展导出货币这一价值独立表现形式经济范畴的出现，在此过程中进一步揭示货币的本质。

二、货币职能与货币流通规律

货币的本质体现在它的职能上。货币有五种职能：价值尺度、流通手段、贮藏手段、支付手段和世界货币。其中价值尺度和流通手段是两个基本职能，其他职能是在这两个基本职能的基础上产生的。

货币作为一般等价物，是一般的交换手段。因此，货币的第一个职能，就是价值尺度的职能。价值尺度是用货币表现、衡量、计算商品价值的尺度。“货币作为价值尺度，是商品内在的价值尺度即劳动时间的必然表现形式。”①商品作为价值是同质的，本身是可以通约的，但商品的内在价值却又是看不见、摸不着的。货币作为价值尺度，不过是把这些本来已经存在的不同商品的不同价值量表现出来。用货币表现的商品价值就是价格。货币充当价值尺度时，只是想象的或观念的货币，即给商品标价。为什么作为想象的或观念的货币就能充当价值尺度的职能呢？因为它只是商品进入流通前的准备阶段，只要表明商品的价值量是多少就行了。

流通手段的职能是用货币作为商品交换的媒介。货币之所以能够充当流通手段，是因为它是商品的一般等价形式。充当流通手段的货币必须是现实的货币，但并不一定是足价的货币，它甚至还可以是无价值的货币符号——纸币。货币具有流通手段的职能，使物物交换发展成以货币为媒介的商品流通。在货币执行流通手段职能后，商品流通就包含着货币流通。货币流通是指货币表现为一个不断重复的、单方面的运动，不断地作为购买手段在买者和卖者之间交换位置。马克思讲：“商品流通直接赋予货币的运动形式，就是

① 《马克思恩格斯文集》第5卷，人民出版社2009年版，第114页。

货币不断地离开起点，就是货币从一个商品占有者手里转到另一个商品占有者手里。”①

商品流通决定货币流通，货币流通以商品流通为基础并为之服务。货币在执行流通手段职能时，流通中的货币需要量不是任意规定的，而是具有规律性的。货币流通规律或流通中所需要的货币量的规律，就是货币流通与商品流通相适应的规律。货币作为流通手段，其数量是由全部商品价格总额和货币流通速度两个因素决定的。商品价格总额由流通中商品数量和商品价格水平两个因素决定。市场上流通的商品数量越多，商品价格总额就越大，流通中所需要的货币量就越多，反之，则越少，它们之间是正比关系。货币流通速度是指一定时期内同名货币单位的平均周转次数。货币流通速度越快，媒介同量商品所需要的货币量就越少，反之，则越多，它们之间是反比关系。可见，商品价格总额和货币流通速度是按不同方向和不同比例不断变化的，由此引起货币流通量的变化。概括起来，货币流通规律的基本内容可以表述为：一定时期流通中所需要的货币量与投入流通的商品价格总额成正比，与货币流通速度成反比。用公式表示为

$$\text{一定时期内流通流通中需要的货币量}=\frac{\text{商品价格总额}}{\text{同一单位货币的平均流通速度（次数）}}$$

马克思科学地分析了决定流通中货币需要量的三个因素和它们之间的相互关系。马克思指出：“流通所需要的货币量，首先是由投入流通的商品的价格高低决定的。而这种价格的总额取决于：第一，个别商品的价格；第二，按一定价格投入流通的商品量；第三，但是流通所需要的货币量，不仅取决于待实现的价格总额，而且取决于货币流通的速度，即货币完成这种实现业务的速度。如果 1 塔勒每小时完成每次价格为 1 塔勒的 10 次购买，即交换 10 次，那么它所完成的业务，恰好等于每小时只购买 1 次的 10 塔勒所完成的业务。速度是个否定因素；它代替数量；它使一块货币变成许多块货币。”② 马克思接着分析，“价格的高低，并不取决于流通中的货币的多少，相反，流通

① 《马克思恩格斯文集》第 5 卷，人民出版社 2009 年版，第 137 页。

② 《马克思恩格斯全集》第 1 版第 46 卷（上册），人民出版社 1979 年版，第 143 页。

中货币的多少，是取决于价格的高低。其次，货币流通的速度不取决于流通的货币量，而是流通媒介的量取决于货币流通的速度。”① 马克思进一步指出，“流通手段量决定于流通商品的价格总额和货币流通的平均速度这一规律，还可以表述如下：已知商品价值总额和商品形态变化的平均速度，流通货币量或货币材料量决定于货币本身的价值。”② 马克思认为，价格的高低并不由流通中所需要货币的数量决定，恰恰相反，流通中所需要的货币量，却决定于价格的高低。货币流通速度也不取决于流通的货币量，恰恰相反，是流通的货币量取决于货币流通速度。因此，只要一定量的货币投入流通，它就会一直处在流通中。

在别的地方，马克思对所讲的货币流通规律又有新的补充。第一，关于货币流通量的表述为：“根据以下基本规律：在流通速度已定的前提下，流通手段量取决于商品价格和按一定价格流通的商品量，或者说取决于商品的总价格，而商品的总价格又取决于两种情况，即取决于商品的价格水平和按一定价格流通的商品量。”③ 第二，关于货币流通规律与金属货币的关系。马克思认为，在一定的流通速度下，流通商品的总价格决定流通手段量，从这个一般规律可以得出这样的结论：投入流通的价值增长到一定阶段后，比较贵重的金属，也就是比值较大的金属，就会代替较为不贵重的金属而成为占支配地位的流通手段。因为铜币和铁币作为占支配地位的流通手段，是以不发达的商品流通为前提的。所以，我们可以得出如下认识：一般流通越发达，加入流通的商品价格总额越大，商品的批发交换和零售交换的区别也就越明显，商品也就越需要不同种类的铸币进行流通，而这些铸币的流通速度与它们的价值量成反比。

在《资本论》中，马克思对货币流通规律作了两种表述。在分析货币的流通手段职能时，马克思表述（我们称之为第一种表述）④：

① 《马克思恩格斯全集》第1版第46卷（上册），人民出版社1979年版，第143页。
② 《马克思恩格斯文集》第5卷，人民出版社2009年版，第145-146页。
③ 《马克思恩格斯全集》第1版第46卷（下册），人民出版社1980年版，第312-313页。
④ 《马克思恩格斯文集》第5卷，人民出版社2009年版，第139页。

$$\frac{\text{流通中商品价格总额}}{\text{同名货币的流通次数}}=\text{执行流通手段职能的货币量}$$

在分析货币的支付手段职能时，马克思表述（我们称之为第二种表述）：“现在我们来考察一定时期内的流通货币的总额。假定流通手段和支付手段的流通速度是已知的，这个总额就等于待实现的商品价格总额加上到期的支付总额，减去彼此抵销的支付，最后减去同一货币交替地时而充当流通手段、时而充当支付手段的流通次数。”①

根据第二种表述，货币流通规律的表达式会有以下两种类型：

第一种类型：三项分子公式

$$\text{一定时期内流通中需要的货币量}=\frac{\text{待实现的商品价格总额}+\text{到期支付总额}-\text{彼此抵销的支付}}{\text{同一货币时而充当流通手段、时而充当支付手段的流通次数}}\text{②}$$

第二种类型：四项分子公式

$$\text{一定时期内流通中需要的货币量}=\frac{\text{商品价格总额}+\text{赊销商品价格总额}+\text{到期支付总额}+\text{互相抵销支付总额}}{\text{同一单位货币的平均流通次数}}\text{③}$$

$$\text{一定时期内流通中需要的货币量}=\frac{\text{售出商品价格总额}-\text{赊销商品价格总额}+\text{到期支付总额}-\text{互相抵销支付总额}}{\text{同一单位货币的平均流通速度（次数）}}\text{④}$$

$$\text{流通中所需要的货币量}=\frac{\text{待售商品价格总额}-\text{赊销商品价格总额}+\text{到期支付总额}-\text{互相抵销总额}}{\text{货币流通次数}}\text{⑤}$$

以上讲的货币流通规律是指金属货币的流通规律。当纸币代替金属货币以后，就出现了纸币流通规律。纸币是由国家发行并强制作用的价值符号。纸币是代表金属货币执行流通手段职能的。金属货币因为有价值才流通，纸

① 《马克思恩格斯文集》第 5 卷，人民出版社 2009 年版，第 159 页。

② 奚兆永：《关于流通中所需的货币量公式问题》，经济学动态 1983 年第 1 期。

③ 许涤新主编：《政治经济学辞典》上册，人民出版社 1980 年版，第 398 页。

④ 徐禾主编：《政治经济学概论》，中国人民大学出版社 2015 年重印版，第 50 页。

⑤ 蒋学模：《政治经济学教材》，上海人民出版社 1998 年版，第 42 页。

币却因为流通才有价值。所以，纸币的流通规律要以金属货币流通规律为基础。对纸币流通规律，马克思说："纸币流通的特殊规律只能从纸币是金的代表这种关系中产生。这一规律简单来说就是：纸币的发行限于它象征地代表的金（或银）的实际流通的数量"。① 这就是说，当纸币量符合流通中所需要的金属货币量时，纸币就可以按金属货币同等价值进行流通；纸币发行量如果超过流通中所必需的金属货币量，纸币代表的金属货币币值就会减少，纸币就会贬值，物价就会上涨。这种由于过多发行纸币而造成纸币贬值和物价上涨的现象，称为通货膨胀。②

价值尺度和流通手段是货币的两个基本职能，其他职能是在这两个职能的基础上产生的。马克思指出："一种商品变成货币，首先是作为价值尺度和流通手段的统一，换句话说，价值尺度和流通手段的统一是货币。"③ 具备这两个职能，货币成为一般等价物，成为社会财富的代表，人们才会贮藏它，成为贮藏手段。在商品经济有了一定的发展，出现了赊账买卖的时候，才产生了支付手段。最后，只有商品经济再进一步发展，形成世界市场，才产生世界货币的职能。

三、价格及其变动

价格是商品价值的货币表现形式。在货币形式上，金固定地充当了一般等价物，商品世界的一切商品都在金上表现出它们各自的相对价值量，就是这些商品的价格形式。在价格形式上，商品价值量由社会必要劳动时间决定的内在要求，就表现为商品与货币的外在的交换比例上。价格变动取决于商品价值的变动，但价格不一定时时处处都与价值量相等，它可能高于商品的价值量，也可能低于商品的价值量。这就是价格形式与价值的矛盾在量上的

① 《马克思恩格斯文集》第 5 卷，人民出版社 2009 年版，第 150 页。

② 与通货膨胀相反的现象是通货紧缩，它表现为社会需求不足、物价水平下跌、货币不断升值。通货紧缩与通货膨胀都是货币现象，一个是由于流通中货币过多引起，一个是由于流通中货币相对不足引起。

③ 《马克思恩格斯全集》第 1 版第 13 卷，人民出版社 1962 年版，第 113 页。

表现。马克思讲：“商品的价值量表现出一种必然的、商品形成过程内在的同社会劳动时间的关系。随着价值量转化价格，这种必然的关系就表现为商品同在它之外存在的货币商品的交换比例。这种交换比例既可以表现商品的价值量，也可以表现比它大或小的量，在一定条件下，商品就是按这种较大或较小的量来让渡的。可见，价格和价值量之间的量的不一致的可能性，或者价格偏离价值的可能性，已经包含在价格形式本身中。但这并不是这种形式的缺点，相反地，却使这种形式成为这样一种生产方式的适当形式，在这种生产方式下，规则只能作为没有规则性的盲目起作用的平均数规律来为自己开辟道路。”① 马克思又指出：“商品按照它们的价值来交换或出售是理所当然的，是商品平衡的自然规律。应当从这个规律出发来说明偏离，而不是反过来，从偏离出发来说明规律本身。”②

价格与价值除量上的背离之外，还存在着质上背离的可能性，即“价格可以完全不是价值的表现。”③ “没有价值的东西在形式上可以具有价格。在这里，价格表现是虚幻的。”④ 例如，自然界未开垦的土地、人的名誉和良心等，本来不是商品，没有价值，但在现实生活中却可以出卖，具有一定的价格。在这里，价格表现是虚幻的，这种虚幻的价格形式又能掩盖实在的价值关系。

价格是商品价值的货币表现，价格的变动不仅取决于价值的变动，还取决于货币价值的变动。当货币价值发生变动而商品价值不变时，商品价格就必然变动。“商品价格只有在货币价值不变、商品价值提高时，或在商品价值不变、货币价值降低时，才会普遍提高。反之，商品价格只有在货币价值不变、商品价值降低时，或在商品价值不变、货币价值提高时，才会普遍降低。”⑤

商品价格是在市场中形成的，商品价格受到市场供求关系的直接影响。

① 《马克思恩格斯文集》第5卷，人民出版社2009年版，第122-123页。

② 《马克思恩格斯全集》第1版第25卷，人民出版社1975年版，第209页。

③ 《马克思恩格斯文集》第5卷，人民出版社2009年版，第123页。

④ 同③。

⑤ 《马克思恩格斯文集》第5卷，人民出版社2009年版，第119页。

市场供求平衡是商品价格等于价值的前提。但在商品经济条件下，供求平衡是罕见的，供求不平衡则是经常的。在供求不平衡时，价格可能高于价值，也可能低于价值。

第三节　关于马克思货币理论的不同见解

一、货币流通规律与纸币流通规律

如何认识货币流通规律与纸币流通规律的关系，是国内外学术界一直争论的问题。大致有以下三种不同的解释。第一种解释，纸币流通规律就是金属货币流通规律。该解释认为，“一个为纸币流通所特有的规律，单纯地说就是：纸币的发行必须在数量上受到限制。这就是说，纸币的发行量必须限制在没有纸币流通时流通中必要的货币量的范围以内，可见，纸币流通规律实质上就是货币流通规律。”① 第二种解释，货币流通规律与纸币流通规律是两个性质完全不同的规律。例如，有人说，“货币流通内在规律或反映这个规律的运动，是直接从商品流通中产生出来的，因而是一个实质性的、内在的、一般规律；而纸币流通规律则是在货币流通规律的基础上，从货币流通规律的破坏中产生出来的，因而是一个派生的、从属于现象形态的规律。就它们的产生情况而言，货币流通内在规律和纸币流通特有规律是两个性质不同的规律。”② 第三种解释，货币流通规律与纸币流通规律既有联系又有区别。该解释是，“纸币流通规律和货币流通规律既有密切的联系，又有一定的区别，联系是主要的，区别是次要的，两者本质是相同的。”③

我们认为，纸币流通的特殊规律是由货币流通规律派生并受其支配和制

① 吴军：《货币必要量并不存在》，《金融研究》1987 年第 2 期。

② 龙一飞：《关于纸币流通规律的含义和作用》，《金融研究》1984 年第 4 期。

③ 李一芝：《如何正确理解纸币流通规律》《金融研究》1984 年第 9 期。

约的。因为，根据马克思的解释，第一，纸币流通规律与货币流通规律在本质上是一样的，它们都要求货币流通必须同商品流通相适应。货币流通以商品流通为基础并服务于商品流通。货币在执行流通手段职能时，流通中的货币需要量不是任意规定的，而是具有客观的规律性的，即流通中的货币量必须满足商品流通的需要，货币作为流通手段，其数量是由全部商品流通价格总额和货币流通次数两个因素决定的。对此，马克思明确指出："流通手段量决定于流通商品的价格总额和货币流通的平均速度这一规律，还可以表述如下：已知商品价值总额和商品形态变化的平均速度，流通货币量或货币材料量决定于货币本身的价值。"① 第二，纸币流通规律是受货币流通规律支配和制约的。货币流通规律对纸币流通规律的支配作用在于：因为纸币是由政府发行并强制使用的价值符号。金属货币因为自身有价值才有流通，纸币却是因为它能够流通才有价值。因此，从规律上讲，纸币的发行必须限于它代表的金的实际流通量。货币流通规律对纸币流通规律的制约作用在于：纸币的发行只限于它象征地代表的金（或银）的实际流通的数量。"纸币流通的特殊规律只能从纸币是金的代表这种关系中产生。这一规律简单来说就是：纸币的发行限于它象征地代表的金（或银）的实际流通的数量。"② "如果纸币超过了自己的限度，即超过了能够流通的同名的金币量，那么，撇开有信用扫地的危险，它在商品世界仍然只是代表由商品世界的内在规律所决定的那个金量，即它所能代表的那个金量。例如，如果一定的纸票量按其名称代表两盎司金，而实际是代表 1 盎司金，那么事实上一镑比如说就是 1/8 盎司金的货币名称，而不是原来 1/4 盎司金的货币名称了。其结果无异于金在它作为价格尺度的职能上发生了变化，同一价值，原来用一镑的价格来表现，现在要用两镑的价格来表现了。"③ 因此，我们认为，纸币流通规律是在货币流通规律基础上产生的，是货币流通规律在纸币流通条件下发生作用的具体表现形式。

---

① 《马克思恩格斯文集》第 5 卷，人民出版社 2009 年版，第 145-146 页。

② 《马克思恩格斯文集》第 5 卷，人民出版社 2009 年版，第 150 页。

③ 同②。

如何理解纸币流通规律与货币数量论的关系，也是国内外学术界一直争论的问题。我们认为，两者在表现形式上具有一致性，但在本质上却是根本不同的。从形式上看，马克思的货币流通规律公式中“一定时期内流通中需要的货币量用 M 表示，流通中商品价格总额用 PT 表示，同一单位货币的平均流通速度用 V 表示，则

$$M = \frac{PT}{V}$$

这个公式与美国经济学欧文·费雪提出的 MV = PT 方程式，在数量结论上并没有什么区别，只要把这两个公式加以移项，实际上就是一个公式。① 但是，从本质上讲，这两种理论的基础及货币观却是根本不同的。马克思的纸币流通规律是牢固地建立在劳动价值论基础之上的，是从货币流通规律中推导出来的，而货币数量论是不承认劳动创造价值的；马克思认为，货币本质上是商品，具有价值，货币作为一般等价物，首先具有价值尺度的职能，纸币是代表金属货币的价值符号。在上述公式中，马克思认为，是流通中的货币数量决定于商品流通对货币的需要量，是流通中的货币数量取决于商品价格水平。相反，货币数量论者大多是货币符号论者，他们认为货币是人为的、是国家法律制定的。他们认为，货币在进入流通以前既没有价值，也不执行任何其他职能。在他们的公式中，商品价格水平取决于货币数量，而货币数量又是由国家规定的，因此，商品价格水平不是由商品价值决定而是由国家政策决定。这实际上是一种没有价值的价格理论。可见，货币数量论所反映的只是纸币流通的一些表面现象，它并没有阐明纸币流通的本质。

二、对人民币价值基础的讨论

国内关于人民币价值基础的讨论，主要是两种截然不同的观点：一种观点是，人民币的价值基础是黄金，因为，人民币是黄金的价值符号。另一种

① 从一定意义上讲，马克思纸币流通规律与货币数量论都认为，货币数量增加必然引起商品价格上涨。

观点是，人民币的价值基础不是黄金，因为，人民币已经从根本上与黄金割断了关系，它已经不是黄金的价值符号了。

第一种观点认为，人民币的价值基础是黄金，这是从马克思主义劳动价值论得出的一个基本结论。如果承认马克思的劳动价值论，那就必然会得出流通中的纸币只能是具有内在价值的货币商品的符号，即价值的符号。从我国的实际上看，人民币的价值基础也只能是黄金。因为，第一，我国历史上是以黄金作为货币商品的，人民币同过去的货币商品有着历史的继承性。在新中国成立前，人民币是以固定比价代替各解放区的通货的。新中国成立后货币制度的改革并没有改变作为货币商品的贵金属的变化。第二，在我国对外经济关系中，黄金作为购买手段和支付手段的作用是不可缺少的，尽管人民币正在走向国际货币。第三，黄金和外汇储备是我国人民币与外币比价保持相对稳定的重要因素。尽管人民币没有规定法定的含金量，也不能直接兑现黄金，但是，纸币与黄金的必然联系与法定联系并不是一回事。前者是客观存在，后者是国家规定。我们不能因为没有在法律上规定人民币的含金量，就否认人民币与黄金的必然联系。进而，如果我国发生外汇收支逆差，国际上公认的最后清算手段必然是黄金。

第二种观点认为，人民币与黄金和白银从根本上割断了关系，这是新中国货币制度的主要特点之一。人民币代表一定的劳动量和价值量，在国民经济中起一般等价物作用的是人民币而不是黄金。因为，一方面，新中国用法令规定人民币是全国唯一合法的货币；另一方面，我国又有充分的商品储备和黄金储备作为支持人民币作为一般等价物的物质基础，并通过掌控货币发行和货币流通来稳定它的价值。

那么，人民币是否具有贮藏手段的职能呢？什么是贮藏手段？根据马克思的分析，当货币退出流通成为独立的价值形式和社会财富的代表保存起来，才具有贮藏手段的职能。作为贮藏手段必须是实实在在的金或银。贮藏货币职能之所以产生，是为了适应商品经济发展的需要，对货币进行调节，以保证商品流通的正常运行。马克思指出："随着商品流通在范围、价格和速度方面的经常变动，流通的货币量也不断增减。因此，这个量必须能伸缩。……

为了使实际流通的货币量总是同流通领域的饱和程度相适应，一个国家的现有的金银量必须大于执行铸币职能的金银量。这个条件是靠货币的贮藏形式来实现的。货币贮藏的蓄水池，对于流通中的货币来说，既是排水渠，又是引水渠，因此，流通中的货币永远不会溢出它的流通渠道。”① 根据马克思关于货币贮藏手段职能的分析，人民币作为一种国家信用货币符号，它具有积累和储蓄手段的职能，但是不能成为贮藏手段，能作为贮藏手段的只能是金银，而不是任何形式的货币符号。如果把人民币作为贮藏手段，就会否定纸币流通规律，反正多余的纸币会自动退出流通，国家也就可以任意发行任何数量的纸币。而纸币发行量超过流通实际需要量过多、持续时间过长，必然促使商品价格的不断过快上涨，从而引起通货膨胀。

第四节　马克思货币理论的现实意义

一、对通货膨胀及其治理的讨论

根据马克思的分析，通货膨胀是由于纸币的发行超过了流通中必要的金属货币量发生的货币贬值、物价上涨现象。因此，按照货币流通规律的要求发行纸币，就不会出现通货膨胀现象。或者反过来说，通货膨胀是违反货币流通规律所产生的纸币现象。

西方经济学界对通货膨胀有两种阐释。一种是“物价派”，即用物价总水平或价格总水平的上升来定义通货膨胀。爱德温·夏皮罗认为：“通货膨胀规定为一般物价水平的一贯的和可以觉察到的增长。”② 道格拉斯·格林沃尔德主编的《现代经济辞典》将通货膨胀定义为，“一般物价水平的持续上升，其

---

① 《马克思恩格斯文集》第5卷，人民出版社2009年版，第157-158页。

② 爱德温·夏皮罗：《宏观经济分析》，中国社会科学出版社1985年中译本，第690页。

结果是购买力的下降。”① 另一种是“货币派”，即和货币过量发行来定义通货膨胀。如哈耶克认为，“通货膨胀一词的原意和真意是指货币数量的过度增长，这种增长会合乎规律地导致物价的上涨。”②

我国学术界对通货膨胀的解释也主要有以下两种：一是认为，通货膨胀是指在纸币流通的情况下，纸币的流通量超过了流通中所需要的货币量，而引起的纸币贬值和物价上涨的经济现象。③ 二是认为，在废除了金本位以后，纸币发行已经不以黄金储备为基础，而是以商品和劳务的供给量为基础。因此，通货膨胀应理解为纸币供给量的增长持续地超过商品和劳务供给量的增长而导致的物价普遍持续上涨。有人就明确提出：“通货膨胀是在货币供应量增加超过商品产量增加的情况下出现的货币贬值、物价上涨现象。”④ 我们认为，通货膨胀与纸币流通有着密切联系。在纸币流通的条件下，一方面，由于纸币流通在技术上具有货币供给的无限可能性，而且可以通过国家强制流通；另一方面，进入流通的纸币不能够通过贮藏方式退出流通，这就会产生纸币供给量的无限性和纸币容纳量的有限性之间的矛盾。矛盾不断积累的结果必然出现，纸币过多投入造成单位纸币所代表的价值量的下降，即纸币贬值，由此产生物价上涨，导致通货膨胀。所以，通货膨胀作为一种纸币现象，应包含三个方面的含义：一是纸币发行量过多；二是带来通货贬值；三是引起物价持续上涨。这三个方面的关系是：纸币发行过多是原因，通货贬值是本质，物价持续上涨是标志。

关于通货膨胀的类型，也有不同的解释。一是从通货膨胀产生的原因上划分，可分为需求拉动型、成本推动型和结构型三种。二是从通货膨胀在再生产过程中产生的不同环节上划分，可分为生产型、消费型和双重型三种。三是从通货膨胀的表现上划分，可分为公开型和隐蔽型两种。

---

① 道格拉斯·格林沃尔德：《现代经济辞典》，商务印书馆 1981 年中译本，第 228 页。

② 弗利德里奇·哈耶克：《无路可逃：失业必然跟随通货膨胀》，《世界经济译丛》1981 年第 2 期，第 22 页。

③ 宋晓红：《对我国现阶段通货膨胀问题的认识》，《吉林财贸学院学报》1988 年第 1 期。

④ 逄锦聚、霍学文：《体制货币与通货膨胀》，中国物价出版社 1991 年版。

关于通货膨胀与经济增长的关系，大致也有三种不同的看法。一是认为，适度的通货膨胀能够促进经济增长。因为适度的通货膨胀会将扩张的货币用于投资，特别是生产性投资和短线产品投资，对经济增长起到促进作用。他们认为，通货膨胀率在5%~10%是可以接受的。① 另有学者认为，正确看待通货膨胀与经济增长的关系，关键在于宏观政策目标的确定。如果宏观调控的首要目标是经济增长，那么，一定程度的通货膨胀也不一定都是坏事。② 二是认为，通货膨胀不利于经济增长。因为通货膨胀会导致经济紊乱，阻碍经济增长。多发纸币会人为造成市场供应紧张，出现物价上涨，进而产生抢购囤积等不良现象，把人们的注意力从生产环节转移到流通环节的炒买炒卖，不利于经济建设。③ 三是认为，通货膨胀是否有利于经济增长要依据不同的条件而定。一定的通货膨胀可以刺激经济增长的条件是：第一，社会上存在着可以利用的闲置资源，而且有效需求不足；第二，经济实体的效率是正的且是高的，而不能是负的或低的；第三，社会公众普遍存在货币幻觉，通过货币增发能够刺激人们的投资热情。不具备这些条件，通货膨胀对经济增长就只能起负面的作用。④

关于通货膨胀的治理，有以下三种对策。第一种观点认为，通货膨胀既然是由于纸币发行过多造成的，治理通货膨胀的对策主要就应该是控制货币的过量发行，压缩过多的需求。第二种观点认为，引起总量失衡的主要原因是经济结构失衡，抑制通货膨胀的主要对策应该是经济结构的优化，即从生产环节上治理通货膨胀。他们认为，抑制总需求只是治标，只有增加有效供给才是治本。如果一味压缩总需求，可以会导致“滞胀”的发生。第三种观点认为，抑制通货膨胀要进行综合治理。其中主要包括：第一，针对需求拉动型通货膨胀，要严格控制货币发行；第二，针对结构调整型通货膨胀，要通过引导需求分流的措施，协调需求结构与供给结构的关系；第三，针对总

① 殷克胜：《论通货膨胀与经济增长的不稳定关系》，《财贸经济》1988年第8期。

② 摘自《关于我国通货膨胀问题的观点综述》，《新华文摘》1990年第6期。

③ 摘自《通货膨胀中外观》，《经济与管理研究》1988年第6期。

④ 张曙光、杨仲伟：《我国通货膨胀的效应分析》，《财贸经济》1989年第2期。

需求膨胀既是需求增长过快的结果，又有有效供给不足的原因，在治理过程中就要把握好抑制总需求的力度和方向，防止因抑制总需求的失误而引供给的萎缩。

二、关于通货紧缩问题的讨论

与通货膨胀相反，国外经济学界对通货紧缩的理解也主要有两种观点。一是认为，通货紧缩就是物价的持续下降。美国经济学家斯蒂格里茨在他的《经济学》中指出："通货紧缩表示价格水平的稳定下降。"① 他还说，通货紧缩和通胀回落是不同的，通货膨胀率下降，但仍是正值时，不能说是通货紧缩；只有当通货膨胀率为负值时，才能称其为通货紧缩。② 二是认为是物价持续下降、货币供应量持续下降和经济增长率持续下降三个因素的综合作用的结果。③

与国外学者的认识基本相同，国内学者对通货紧缩的理解大致也分为两种观点。一是认为，通货紧缩是一种货币现象。当货币供应过量，超过了商品流通所需要的数量时，较多的货币追逐较少的商品，物价就会上涨，导致通货膨胀；相反，当货币供应过少，满足不了商品流通所需要的数量，较多的商品追逐较少的货币，物价就会下跌，导致通货紧缩。二是认为，通货紧缩是多种因素的综合反映，由于货币供应太少，特别是货币流通速度下降，社会对经济前景普遍悲观，总需求小于总供给，造成物价总水平的普遍下降，经济持续萎缩，资产缩水，失业增加，收入减少，货币贬值等。

我们认为，通货紧缩是一种与通货膨胀相反的现象，表现为社会总需求不足、物价持续下跌，原因是流通中的货币供应相对不足。而这种不足可以表现为货币投入的不足，也可以表现为货币流通速度下降，又可以表现为货币流通渠道不畅，还可以表现为货币流通方向错位（即没有流向实体经济而

---

① 斯蒂格里茨：《经济学》中文版，下册，中国人民大学出版社1997年版，第11页。

② 斯蒂格里茨：《经济学》英文1997年第2版，第587页。

③ 莱斯根：《通货膨胀和通货紧缩的周期》，1992年英文版，第1页。

更多流向虚拟经济，表现为一方面是商品和劳动价格持续下跌，另一方面是资产价格不断上涨）。

关于通货紧缩的治理对策，一般认为就是采取宽松的财政政策和宽松的货币政策以刺激总需求。我们认为，一定要认清引起通货紧缩的主要原因采取相应的对策。就我们国家当前的实际情况来看，通货紧缩的主要原因不是货币供应量不足、总需求不足，而主要是供给结构不适应已经变化了的新需求，第一方面是大量的传统低质低效产能和产品严重过剩，其价格不断下降；第二方面是社会经济发展和人们需要的优质高效产能和产品严重不足；同时存在着第三方面是虚拟经济。

第五章　马克思的剩余价值理论

本章将阐述马克思如何在批判地继承前人的研究成果的基础上，以劳动价值论为依据，通过对资本主义直接生产过程的分析，揭示剩余价值的来源和资本主义剥削的实质，阐明马克思主义剩余价值学说的基本内容，并进一步说明马克思主义剩余价值学说在当代社会经济中的运用和发展。

第一节　马克思剩余价值理论的思想来源

英国古典政治经济学在不同程度上研究了剩余价值的各种具体形式，如利润、利息和地租等。在威廉·配第看来，地租是产品价值减去生产资料的价值和劳动的价值之后的余额。马克思认为，配第已接近于正确理解剩余价值的性质，但配第没有把剩余价值与资本主义联系起来，即没有把剩余价值看作是资本主义的特有经济范畴，而是把地租看作是全部剩余价值，他认为，地租中包含着利润。

亚当·斯密是英国资产阶级古典政治经济学的主要代表之一。斯密认为，价值的源泉不是某种具体劳动，而是一般社会劳动，从而为剩余价值理论的创立打下了坚实的基础。斯密的剩余价值理论有一个突出的特点，他把剩余价值和资本主义生产联系在一起，认为剩余价值的生产是一定历史阶段的产物，是生产条件属于一个阶级而另一个阶级除了劳动一无所有的结果。斯密在其著作《国民财富的性质和原因的研究》中写道："资本一经在个别人手中积聚起来，当然就有一些人，为了从劳动生产物的售卖或劳动对原材料增加的价值上得到一种利润，便把资本投在劳动人民身上，以原材料与生活资料供给他们，叫他们劳作。与货币、劳动或其他货物交换的完全制造品的价格，除足够支付原材料代价和劳动工资外，还须剩有一部分，给予企业家，作为他把资本投在这企业而得的利润。所以，劳动者对原材料增加的价值，在这种情况下，就分为两个部分，一部分支付劳动者的工资，另一部分支付雇主的利润，来报酬他垫付原材料和工资的那全部资本。”①

从斯密的以上论述中可以看出：第一，他意识到劳动力和劳动条件分离是剩余价值生产的前提条件。第二，资本主义生产的目的是“取得利润”，即剩余价值。第三，利润不是从“劳动产品的出售”中产生的，不是高于价值出售的“让渡利润”，而是“工人加到材料上的价值”被资本家无偿占有的那一部分。② 斯密还把资本区分为固定资本和流动资本，这在政治经济学史上具有重要意义。马克思非常重视斯密的剩余价值学说，曾多次给予很高的评价，“斯密后来认识到了更直接地从工人超出他用来支付（即用等价物来补偿）自己工资的那个劳动量之上所完成的劳动，引伸出利润。从而斯密认识到了剩余价值的真正的起源。”③。斯密虽然研究了剩余价值，但他并没有剩余价值的概念。同时他也没有不变资本和可变资本的区分，他错误地认为，利润是全部预付资本带来的，从而把剩余价值和利润完全混同起来，掩盖了资本家对工人的剥削关系。

李嘉图是资产阶级古典经济学的集大成者。李嘉图关于剩余价值理论的一个重要前提是他的工资论，他认为所有的价值都是劳动创造的。分析工资和剩余价值的对立，是李嘉图的功绩。他认为，劳动价值和剩余价值是按反方向变化的，资本主义的生产目的是利润即剩余价值。虽然李嘉图并没有把劳动与劳动力加以区分，但他把劳动的自然价格用工人得到的生活资料所耗

① 亚当·斯密：《国民财富的性质和原因的研究》上卷，商务印书馆 1972 年版，43 页。

② 吴易风等著：《马克思主义经济理论的形成和发展》，中国人民大学出版社 2003 年版，第 70 页。

③ 《马克思恩格斯全集》第 1 版第 26 卷Ⅱ，人民出版社 1975 年版，第 247 页。

费的劳动量来说明，这实际上已经正确地确定了工资的自然基础。他说：“劳动正像其他一切可以买卖并且可以在数量上增加或减少的物品一样，具有自然价格和市场价格。”“劳动的自然价格是让劳动者大体上能够生活下去并不增不减地延续其后裔所必需的价格。”这种价格“取决于劳动者维持其自身与其家庭所必需的食物、必需品和家用品的价格。食物和必需品涨价，劳动的自然价格也会上涨，这些东西跌价，劳动的自然价格也会跌落。”①

英国古典政治经济学家们事实上都在利润、地租等具体形式上研究了剩余价值，但在他们之间对剩余价值具体形式的认识也存在着差别。配第把地租看作剩余价值的基本形式；斯密把利润作为独立的经济范畴，并把利润和地租一起看作剩余价值的基本形式；李嘉图则把利润看作剩余价值唯一的基本形式，把地租看作是利润的一部分。斯密看到了利润是由劳动生产出来的价值的一部分，实际上认识到了剩余价值的起源。李嘉图发展了斯密的理论，他把利润与工资相联系。所以，马克思认为李嘉图有真正的剩余价值理论。但是，李嘉图则又和他的前人一样，虽然坚持了劳动价值论，并力图以它为基础来研究探索剩余价值的理论，但是，他从来不研究剩余价值本身，即没有从利润和地租等剩余价值的具体形态中抽象出剩余价值一般来研究，没有揭示出剩余价值的真正起源。正如马克思对李嘉图学派批评时指出的：他们害怕深入探讨剩余价值这个爆炸性问题，“这些资产阶级经济学家实际上具有正确的本能，懂得过于深入地研究剩余价值的起源这个爆炸性问题是非常危险的。”② 而且，李嘉图只研究了相对剩余价值，没有研究绝对剩余价值。

恩格斯在为《资本论》第2卷写的序言中指出：“在马克思以前很久，人们就已经确定我们现在称为剩余价值的那部分产品价值的存在；同样也有人已经多少明确地说过，这部分价值是由什么构成的，也就是说，是由占有者不付任何等价物的那种劳动的产品构成的。但是到这里人们就止步不前了。其中有些人，即资产阶级古典经济学家，至多只研究了劳动产品在工人和生

① 见李嘉图：《政治经济学及赋税原理》，商务印书馆1962年版，第77页。

② 马克思：《马克思恩格斯文集》第5卷，人民出版社2009年版，第590页。

产资料所有者之间分配的数量比例。另一些人，即社会主义者，则发现这种分配不公平，并寻求乌托邦的手段来消除这种不公平现象。这两种人都为既有的经济范畴所束缚。于是，马克思发表意见了，他的意见是和所有他的前人直接对立的。在前人认为已有答案的地方，他却认为只是问题所在。他认为，这里摆在他面前的不是无燃素气体，也不是火气，而是氧气；这里的问题不是在于要简单地确认一种经济事实，也不是在于这种事实与永恒公平和真正道德相冲突，而是在于这样一种事实，这种事实必定要使全部经济学发生革命，并且把理解全部资本主义生产的钥匙交给那个知道怎样使用它的人。根据这种事实，他研究了全部既有经济范畴。”①

马克思剩余价值理论，是在批判、继承和吸收了古典政治经济学的精华，经过长期的调查研究后而建立起来的。马克思在《1857—1858 年经济学手稿》中，第一次系统地论述了自己关于剩余价值与资本的基本要点，第一次明确地把劳动力与劳动区分开来，创立了劳动力商品原理，第一次提出了不变资本与可变资本的区别的理论，并且考察了剩余价值到利润的转化，利润到平均利润的转化，绝对剩余价值和相对剩余价值，等等。总之，到 19 世纪 50 年代末，马克思的剩余价值与资本的理论已经基本形成。

在 19 世纪 60 年代，马克思初步完成了对剩余价值理论的研究。他在《1861—1863 年经济学手稿》中，主要是阐述剩余价值学说。在这部手稿中，马克思深入地研究了斯密和李嘉图等人关于利润和地租等理论，肯定了其中有关剩余价值的合理因素，指出了他们在理论上的错误及其根源。马克思的剩余价值与资本的学说的最终完成是在 19 世纪 60 年代后期至 80 年代，其标志就是《资本论》的发表。马克思在 1867 年发表了《资本论》第 1 卷，然后又改写和补写了第 2、3 卷手稿。1883 年马克思逝世后，恩格斯陆续编辑出版了《资本论》第 2 卷和第 3 卷。马克思的剩余价值与资本的理论在《资本论》第 1 卷中得到了系统地阐述，从而全面地揭示了剩余价值的生产、实质和历史趋势；在《资本论》第 2 卷里，马克思从生产资本的循环和周转，从社会

① 恩格斯：《资本论》第 2 卷《序言》，人民出版社 1995 年版，第 21 页。

资本再生产等方面阐明了剩余价值的流通和实现的过程；在《资本论》第3卷里，马克思阐明了剩余价值的分配过程和它所采取的各种具体形式，即说明剩余价值如何转化为利润，剩余价值在实现为利润后，又如何转化为平均利润，最后又怎样被分割为产业利润、商业利润、利息和地租。可见，《资本论》的问世，是马克思剩余价值与资本理论的科学体系全面建立的标志。

第二节　马克思剩余价值理论的主要内容

一、资本总公式及其矛盾

1. 简单商品流通与资本流通的区别

马克思首先以逻辑过程和历史相统一的方法，分析了货币转化为资本的过程。商品生产和商品交换发展的结果产生了货币，而货币无论在历史上还是在现实生活中，都是资本的最初表现形式。任何一个资本家，在进行他的剥削活动时都必须首先掌握一定数量的货币，用以购买生产资料和雇佣工人，才能开始资本主义的生产经营活动。但是，货币本身并不就是资本，作为商品交换的货币和作为资本的货币，具有根本不同的性质和内容。

商品流通公式是：W—G—W，式中W代表商品，G代表货币。商品生产者首先出卖商品得到货币，再拿货币购买他所需要的商品。资本流通公式是：G—W—G，资本家首先用货币购买商品，然后出卖商品再得到货币。

商品流通公式和资本流通公式不仅有形式上的区别，而且有本质上的区别。

（1）两者流通的内容和目的不同。在W—G—W的流通公式中，商品所有者是为买而卖，他卖出商品，是为了买进自己所需要的商品。因此，使用价值不同而价值量相等的商品相交换构成了这一流通的实际内容；而资本流通公式为卖而买，运动的起点和终点都是货币。货币在本质上没有差别，作为

G—W—G 公式的起点和终点的货币，如果在量上也没有差别，则这种交换是没有意义的。马克思指出："这个 G—W—G 过程的完整形式是 G—W—G′。其中的 G=G+△G，即等于原预付货币额加上一个增值额。"① 马克思把这个增值额超过原价值的余额叫作剩余价值。这样，货币就变成了资本，货币所有者就变成了资本家。所以，资本就是能够带来剩余价值的价值。

（2）两者运动的界限不同。在 W—G—W 中，由于运动的目的是使用价值，是为了流通以外的消费需要，一旦交换成功，需要得到满足，流通过程也就停止。因此商品流通是以需要的满足为界限的。而在 G—W—G′中则不同，它运动的目的是使价值增值，即获得剩余价值，追求更多数量货币的欲望促使它不停地运动，即只有在运动中才能保存和扩大自己，如果停止了运动，它就失去了增值的能力，这就决定了资本的运动是无止境的。

2. 资本总公式及其矛盾

G—W—G′这个公式，适用于商业资本、产业资本、生息资本等一切资本。它最清楚地表明了资本运动的目的是取得剩余价值。所以，G—W—G′的运动公式，作为资本运动的一般特征的表现叫作资本总公式。

从形式上看，资本总公式 G—W—G′和价值规律是相矛盾的。因为根据价值规律，商品交换是按照等价原则进行的，在流通领域价值不能增值，但是，资本经过这种流通过程却又产生了剩余价值。那么，剩余价值是怎样产生的呢?

有些人认为剩余价值是在流通中产生的，这是错误的。实际上，在流通中，不论是等价交换或不等价交换，都不能产生剩余价值。在等价交换的情况下，按商品的价值购买商品，再按商品的价值出卖商品是不会产生剩余价值。在不等价交换的情况下，无论是贱买还贵卖，都不能产生剩余价值。因为在商品市场上，每个资本家既是卖者，又是买者，作为卖者按高于价值的价格卖出，作为买者也会买进别人在价值以上加价出售的商品。即使有人比较高明、奸猾，通过欺诈既能贱买又能贵卖，他所赚的，也只是别人所失去的。这样交换的结果，只是既定价值量的重新分配，而不是剩余价值的创造。

① 《马克思恩格斯文集》第 5 卷，人民出版社 2009 年版，第 176 页。

欺诈可以使某些资本家成为暴发户，但是一个国家的整个资本家阶级不能靠诈骗自己发财致富。

离开流通领域能不能产生剩余价值呢？也不能。因为在流通领域之外，商品生产者只能同他自己的商品发生关系，这种关系只能是生产者使用生产资料生产出商品的使用价值和价值，不会生产出剩余价值。所以“资本不能从流通中产生，又不能不从流通中产生。它必须既在流通中又不在流通中产生。”①

这个问题究竟应该怎样解决呢？马克思指出：“货币转化为资本，必须根据商品交换的内在规律来加以说明，因为等价物的交换应该是起点。我们那位还只是资本家幼虫的货币占有者，必须按商品的价值购买商品，按商品的价值出卖商品，但他在过程终了时取出的价值必须大于他投入的价值。他变为蝴蝶，必须在流通领域中，又必须不在流通领域中。”②

在资本总公式 G—W—G′中，剩余价值不会发生在 W—G′这一阶段上。在等价交换的条件下，W—G′是价值由商品形态转化为货币形态，这种价值形态的变化是不会产生剩余价值的。在 G—W 阶段上，剩余价值也只能产生在货币所购买的商品上，而且只能是产生在所购商品的使用价值上。如果货币所有者能在流通领域买到一种特殊商品，这种商品有特殊的使用价值，它的使用价值能够创造出价值，并且能够创造出比它本身的价值更大的价值，即剩余价值，问题就解决了。这种特殊商品就是劳动力。所以劳动力成为商品，是货币转化为资本的前提。马克思以其劳动力创造价值和剩余价值理论，解决了古典经济学家所不能解决的矛盾，论证了剩余价值是怎样在价值规律的基础上产生出来的。

二、剩余价值的生产过程

1. 资本主义的劳动过程

资本主义生产过程具有二重性：一方面是生产使用价值的劳动过程；另

① 《马克思恩格斯文集》第5卷，人民出版社2009年版，第193页。

② 《马克思恩格斯文集》第5卷，人民出版社2009年版，第193-194页。

一方面又是价值增值过程。资本主义生产过程是劳动过程和价值增值过程的统一。

劳动首先是人和自然之间的过程，是人以自身的活动来中介、调整和控制人和自然之间的物质交换的过程。劳动过程的简单要素是：有目的的活动或劳动本身，劳动对象和劳动资料。劳动过程是劳动者运用劳动资料作用于劳动对象，制造使用价值的有目的的活动，是为了人类的需要而对自然物的占有，是人和自然之间的物质变换的一般条件，是人类生活的永恒的自然条件，它为人类生活的一切社会形式所共有。根据小麦的味道，我们尝不出它是谁种的。但是，作为劳动过程，它必然与一定社会形态相联系。劳动过程，就它是资本家消费劳动力的过程来说，显示出两个特殊现象。第一，工人在资本家的监管下劳动，他的劳动属于资本家。第二，产品是资本家的所有物，而不是直接生产者工人的所有物。资本家支付劳动力一天的价值，在这一天内，劳动力就像出租一天的任何其他商品（如一匹马）一样，归资本家使用。资本家购买了劳动力，就把劳动本身当作活的酵母，并入同样属于他的各种形成产品的死的要素。这个过程的产品归他所有，正像他的酒窖内处于发酵过程的产品归他所有一样。

2. 资本主义的价值形成过程和价值增值过程

资本主义生产是高度发达的商品生产，而一般商品生产过程是劳动过程和价值形成过程的统一。在劳动过程中，一方面，劳动者的具体劳动创造商品的使用价值。另一方面，抽象劳动形成商品的价值。但是，资本主义商品生产过程却是劳动过程和价值增值过程的统一。资本家让工人生产商品的使用价值，在于使用价值是价值的物质承担者。资本家生产商品的目的是增值价值，即生产剩余价值。

为了说明剩余价值是如何产生的，马克思首先把资本主义生产过程作为价值形成过程来考察。在生产过程中，劳动者用具体劳动改变劳动对象的物质形态，生产了商品的使用价值，并把生产资料的价值转移到商品中去；同时，劳动者的劳动作为抽象劳动，又形成商品的新价值。如果形成的新价值恰好等于资本家支付的劳动力价值，那么在商品价值中，就只有转移的生产资料旧价值和劳动者创造的等于劳动力价值的新价值，而没有剩余价值。那么资本价值增值的目的并没有实现，这种生产过程对资本家毫无意义。

剩余价值的产生，就是由于资本家把工人的劳动时间延长到补偿劳动力价值所需要的时间以上，工人创造的价值超过了他的劳动力价值，这就是价值增值的秘密。马克思举例指出：劳动力的日价值是三先令，因为在劳动力本身中对象化了半个工作日，就是说，因为每天生产劳动力所必要的生产资料要费半个工作日。但是，包含在劳动力中的过去劳动和劳动力所能提供的活劳动，劳动力一天的维持费和劳动力一天的耗费，是两个完全不同的量。前者决定它的交换价值，后者构成它的使用价值。维持一个工人 24 小时的生活只需要半个工作日，这种情况并不妨碍工人劳动一整天。因此，劳动力的价值和劳动力在劳动过程中的价值增值，是两个不同的量。资本家购买劳动力时，正是看中了这个价值的差额。……具有决定意义的，是劳动力这个商品独特的使用价值，即它是价值的源泉，并且是大于它自身价值的源泉。这就是资本家希望劳动力提供的独特的服务。在这里，资本家是按照劳动力价值等价交换购买劳动力的。劳动力的卖者也是按照劳动力出卖劳动力的。资本家支付了劳动力的日价值，劳动力一天的使用即工人一天的劳动就归资本家所有。劳动力维持一天只费半个工作日，而劳动力却能发挥作用或劳动一整天。因此，劳动力使用一天所创造的价值比劳动力自身一天的价值大一倍。这个差额自然就归劳动力的购买者——资本家所有。在这里，问题的一切条件都履行了，商品交换的各个规律也丝毫没有违反。等价物换等价物。作为买者，资本家对每一种商品——棉花、纱锭和劳动力——都按其价值支付。然后他做了任何别的商品购买者所做的事情。他消费它们的使用价值。劳动力的消费过程（同时是商品的生产过程）提供的产品是 20 磅棉纱，价值 30 先令。资本家在购买商品以后，现在又回到市场上来出售商品。他卖棉纱是 1 先令 6 便士一磅，既不比它的价值贵，也不比它的价值贱。然而他从流通中取得的货币比原先投入流通的货币多 3 先令。所以，马克思指出：“当资本家把货币转化为商品，使商品充当新产品的物质形成要素或劳动过程的因素时，当他把活的劳动力同这些商品的死的对象性合并在一起时，他就把价值，把过去的、对象化的、死的劳动转化为资本，转化为自行增值的价值，转化为一个有灵性的怪物，它用‘好像害了相思病’的劲头开始去‘劳动’。”① 马克思接着指出：“如果我们把价值形成过程和价值增值过程比较一下，就会知道，价值增值过程不外是超过一定点而延长了的价值形成过程。”② 这个一定点就是工人补偿劳动力价值所需要的时间。因此，在价值增值过程中，工人的劳动时间分为两部分，一部分是再生产劳动力价值的时间，叫做必要劳动时间；另一部分是无偿地为资本家生产剩余价值的时间，叫作剩余劳动时间。剩余价值的源泉是雇佣工人的剩余劳动。剩余价值就是雇佣工人劳动创造的，被资本家无偿占有的超过劳动力价值以上的价值。它体现了资本家剥削雇佣工人的资本主义生产关系。

综上所述，资本主义生产过程是劳动过程与价值增值过程的统一，这就使资本总公式的矛盾得到了解决。马克思说：“货币转化为资本的这整个过程，既在流通领域中进行，又不在流通领域中进行。它是以流通为中介，因为它以在商品市场上购买劳动力为条件。它不在流通中进行，因为流通只是为价值增值过程作准备，而这个过程是在生产领域中进行的。”③ 全部过程都符合价值规律，其关键在于劳动力商品具有特殊的使用价值。所以，剩余价值的产生与存在和价值规律没有任何矛盾。

三、资本的本质，不变资本与可变资本

资本概念是随着资本主义生产方式的出现而后出现的。但是资产阶级经济学者由于其阶级的局限性，当他们给资本下定义的时候，总是抓住经济生活的表面现象不放，根本不能揭示资本的本质，而是把资本与生产资料混淆在一起，认为资本是一个存在于一切历史阶段的自然范畴。例如，约翰·穆

---

① 《马克思恩格斯文集》第5卷，人民出版社2009年版，第227页。
② 同①。
③ 同①。

勒说："所谓资本，是手段与工具。"① 古典政治经济学的代表李嘉图甚至把原始人手中的石块、木棍也说成是资本。马克思首先分析了货币转化为资本的前提是劳动力成为商品，并通过对剩余价值生产的分析，揭示了资本的本质。

资本是能够带来剩余价值的价值。他体现着资本家和雇佣工人之间剥削和被剥削的关系。在现实生活中，资本总是表现为一定的物，如厂房、机器、设备、原材料等。但是，这些物本身并不是资本，只有当它们被用来作为剥削雇佣工人的手段时才是资本。马克思指出："资本不是物，而是一定的、社会的、属于一定历史社会形态的生产关系，它体现在一个物上，并赋予这个物以特有的社会性质。"② 这就是资本主义社会的生产关系。

马克思将资本划分为不变资本和可变资本。这种划分在马克思政治经济学上具有重要意义。马克思以他的剩余价值学说为出发点，运用劳动二重性学说，根据资本的各个部分在剩余价值生产中所起的不同作用，将资本科学地划分为不变资本与可变资本。不变资本是以生产资料的形式存在的资本。在生产过程中，生产资料的物质发生了变化，它或者是被消耗掉，或者是变成了一种新的使用价值。它们的价值，仅仅是转移到新的商品中去，而没有使价值增值。它们转移到新产品去的价值，以它们加入生产过程以前具有的价值为限。正因为生产资料在生产过程中只有旧价值的转移，而没有价值的增值，所以马克思把用来购买生产资料的那部分资本称为不变资本。可变资本是资本家用来购买劳动力的那部分资本。在生产过程中，劳动力的价值不是转移到新的产品中去，因为这部分资本是以工资形式支付给工人，其价值随着工人购买生活资料用于消费而消失了。相当于劳动力价值的那部分价值是在生产过程中由工人的劳动再生产出来的。而且，工人劳动所生产的价值，除了资本家购买劳动力所支付的价值外，还能给资本家带来剩余价值。正因为用来购买劳动力的这部分资本在生产过程中能够增值，所以马克思称这一

① 约翰·穆勒：《穆勒经济学原理》，世界书局 1936 年版，第 222 页。

② 《马克思恩格斯全集》第 25 卷，人民出版社 1975 年版，第 120 页。

部分资本为可变资本。

马克思把资本区分为不变资本和可变资本，具有重要的意义：第一，它进一步揭露了剩余价值的源泉和资本主义剥削的实质。表明了可变资本是剩余价值的唯一源泉，资本主义是榨取雇佣工人剩余劳动创造的剩余价值的剥削制度。第二，为准确计算剥削程度，即为剩余价值率提供了科学依据。

四、绝对剩余价值和相对剩余价值

马克思全面和系统地研究了剩余价值率和剩余价值量、剩余价值生产的两种方法，从而进一步揭露资本主义生产的剥削实质和剩余价值规律的作用。

1. 决定剩余价值量的三个规律和货币转化为资本的最低数量界限

资本主义条件下的商品价值包括三个构成部分：第一，作为不变资本的生产资料的旧价值转移过来的部分，用 c 表示；第二，新价值中补偿可变资本的部分，用 v 表示；第三，新价值中的剩余价值部分，用 m 表示。

由于剩余价值只是可变资本价值增值的结果，因而考察资本家对工人的剥削程度时，应该用剩余价值同可变资本相比。马克思把剩余价值与可变资本的比率称为剩余价值率（m′）。它表明雇佣工人所创造的新价值在资本家和工人之间按什么比例分配，体现资本家对工人的剥削程度，因而又叫剥削率。如果以 m′代表剩余率，则

剩余价值率（m′）＝剩余价值（m）／可变资本（v）

由此可以得出：

剩余价值率还可以用剩余劳动与必要劳动的比率及剩余劳动时间和必要劳动时间的比率采表示。

剩余价值率 m′＝剩余劳动时间/必要劳动时间

或　　m′＝剩余劳动/必要劳动

上述这些公式是以两种形式表示同一个剩余价值率，前面的公式是采取物化劳动形式计算，后面两个公式是采取活劳动形式计算。

剩余价值率的高低，对剩余价值量有直接影响。剩余价值量（M）的大

小取决于两个因素：①剩余价值率。在可变资本量不变时，剩余价值量和剩余价值率成正比。②可变资本量。在剥削程度已定条件下，剩余价值量和可变资本量成正比。用 M 代表剩余价值量，其计算公式如下：$M=m'v$，从这个公式可以看出，资本家要获得更多的剩余价值，一方面是提高剥削程度，另一方面要扩大生产规模，雇佣更多的工人。资本家的资本在一定时期总是一定的。他要想获得更多的剩余价值，就必须尽可能地提高剥削程度，即剩余价值量等于预付的可变资本量乘以剩余价值率。马克思称作决定剩余价值量的第一个规律。如果可变资本减少了，获得同样的剩余价值量，可以用提高剩余价值率来实现。或者换句话说，受剥削的工人人数的减少可以由劳动力受剥削的程度的提高来补偿。马克思称作第二个规律。如果剩余价值率或劳动力受剥削的程度已定，劳动力价值或必要劳动时间量已定，那么不言而喻，可变资本越大，所生产的价值量和剩余价值量也就越大。马克思称作第三个规律。

货币转化为资本有一个最低数量界限。马克思认为，不是任何一个货币额或价值额都可以转化为资本，它的前提是单个货币所有者手中有一定的最低限额的货币或交换价值。可变资本的最低限额，就是为取得剩余价值全年逐日使用的一个劳动力的成本价格。假定一个工人一天劳动 12 个小时，其中的 8 个小时就可以把自己的劳动力价值生产出来，即相当于工人一天的生活需要，4 个小时是剩余劳动时间。雇主不劳动而且靠每天占有的剩余价值来过工人那样的生活，他必须使用 2 个工人。如果他要生活得比工人好 1 倍，他必须使用 4 个工人。为了使他的生活只比 1 个普通工人好 1 倍，并且把所生产的剩余价值的一半再转变为资本，他就必须把预付资本的最低限额和工人人数都增加到原来的 8 倍。马克思还接着讲到，当然，“单个的货币占有者或商品占有者要蛹化为资本家而必须握有的最低限度价值额，在资本主义生产的不同发展阶段上是不同的，而在一定的发展阶段上，在不同的生产部门内，也由于它们的特殊的技术条件而各不相同。”①

---

① 《马克思恩格斯文集》第 5 卷，人民出版社 2009 年版，第 358 页。

2. 绝对剩余价值生产

绝对剩余价值是指在必要劳动时间不变的条件下，资本家通过对劳动日的延长，从而延长剩余劳动时间而生产的剩余价值。这种榨取剩余价值的方法，叫绝对剩余价值的生产。例如，工人劳动日为 12 小时，必要劳动时间为 6 小时，剩余劳动时间为 6 小时，这样，m′=6 小时/6 小时=100%。如果资本家把劳动日由 12 小时延长为 15 小时，必要劳动时间不变，剩余劳动时间就由原来的 6 小时延长到 9 小时，则 m′=9 小时/6 小时=150%。剩余价值率由原来的 100%提高到 150%。资本家除用延长工作日的方法以外，还用提高劳动强度的方法加强对工人的剥削。个别企业工人由于提高劳动强度而生产剩余价值，也属于绝对剩余价值。因为在这种情况下，提高劳动强度等于在一个工作日中劳动支出增加了，是变相地延长工作日。

工作日是一个可变量，它的长度是可以变动的，但只能是一定限度内变动。首先，工作日最低界限必须大于必要劳动时间。如果等于必要劳动时间，资本家就无法获得剩余价值，资本主义也就失去了存在的基础。其次，工作日的最高界限取决于两个因素：第一，生理的界限。工人在一昼夜 24 小时内，总要有吃饭、睡觉的时间以满足生理上的需要和恢复劳动能力。第二，道德的界限。工人必须有时间满足精神的和社会生活的需要，如读书看报、抚育子女以及参加必要的社会活动和文化活动等。这种需要的数量和范围，取决于一个国家的经济文化发展状况。但是，工作日的生理界限和道德界限都有很大的伸缩性，资本家在必要劳动时间之上延长工作日可能性还是很大的。

工作日的实际长度是怎样确定的呢？劳动力的买卖按照价值规律进行，可是劳动力商品交换的原则却产生了两种互相对抗的权利。资本家是人格化的资本，他以商品交换原则为依据，要和别的买者一样，从他的商品的使用价值中取得尽量多的利益，他支付了一天劳动力的价值，就得到了对劳动力一天的使用权，在这一天中就可以对劳动力自由地支配。根据等价交换的原则，工人则认为他们出卖劳动力，资本家必须在保证工人健康的条件下使用劳动力。在这两个因素的制约下，劳动力的长度最终是由工人阶级和资产阶级力量的对比决定的。随着资本主义的发展，工人阶级日益壮大，工人阶级为了维护自己的生存权利，同资产阶级展开了顽强的斗争。

3. 相对剩余价值生产

由于劳动日的界限和无产阶级为缩短工作日的斗争，迫使资本家不可能无限延长工作日。但是，资本家可以采取相对剩余价值生产的方法来获得更多的剩余价值。相对剩余价值是指在工作日长度不变的条件下，通过缩短必要劳动时间，相应延长剩余劳动时间所产生的剩余价值。这种榨取剩余价值的方法，叫相对剩余价值生产。例如，工人的劳动日为12小时，其中6小时为必要劳动时间，6小时为剩余劳动时间，剩余价值率为100%，如果必要劳动时间由6小时缩短为4小时，则剩余时间就由6小时延长为8小时，剩余价值率就由原来的100%提高到200%。

生产相对剩余价值，必须缩短必要劳动时间。要缩短必要劳动时间，就要降低劳动力价值。而劳动力价值是由工人及其家属必要的生活资料的价值构成，因而就需要降低这些生活资料的价值。这些生活资料价值与生产它的劳动生产率成反比，所以，为降低生活资料价值，就必须提高生活资料生产部门的劳动生产率。同时与生活资料生产有关的生产资料的价值也影响生活资料的价值，因此，也需要提高这些生产资料生产部门的劳动生产率以及与生产资料价值有关制造生产资料的生产资料部门的劳动生产率。这样，只有全社会劳动生产率普遍提高，单位商品价值便会下降，生活资料价值下降，劳动力价值才会随之下降，再生产劳动力价值的必要劳动时间便会缩短，剩余劳动时间则相应延长，从而生产出相对剩余价值。

整个社会劳动生产率的普遍提高，是通过各个资本家追逐超额剩余价值实现的。在资本主义经济生活中，劳动生产率的提高首先是从个别企业开始的。个别企业的资本家率先采用先进的生产设备和技术，提高了劳动生产率，使商品的个别价值低于社会价值，便可获得超额剩余价值。超额剩余价值就是商品的个别价值低于社会价值的差额。

追逐超额剩余价值是资本家的直接目的，但超额剩余价值的获得是暂时的、不稳定的。因为，在激烈的竞争中，少数企业不可能长期垄断先进的生产条件，其他企业也会竞相采用新技术。当先进技术普及以后，该部门的劳动生产率就会提高，原来的先进生产条件转化为一般生产条件，社会价值与个别价值的差额也就不存在了，从而使超额剩余价值消失。社会劳动生产率普遍提高的结果，使全社会的资本家都可以得到相对剩余价值。由此可见，追逐超额剩余价值是每个资本家改进技术、提高劳动生产率的直接动机，而各个资本家追求超额剩余价值的结果，是使资本家普遍获得相对剩余价值。

4. 绝对剩余价值生产和相对剩余价值生产的关系

绝对剩余价值生产是资本主义剥削的一般基础，并且是相对剩余价值生产的起点。因为，任何资本主义生产，都必须把工作日绝对地延长到必要劳动时间以上，否则就不能产生剩余价值。同时，只有工作日分割为必要劳动时间和剩余劳动时间两部分，才能以此为出发点，缩短必要劳动时间，延长剩余劳动时间，生产相对剩余价值。

生产剩余价值的两种基本方法的物质技术基础不同，在资本主义发展的各个历史阶段上起的作用不同。在资本主义发展的初期，由于生产技术的改进比较缓慢，因而，那时资本主义主要是依靠延长劳动时间和增加劳动强度，即依靠生产绝对剩余价值的方法，来加强对工人的剥削。后来随着资本主义的发展，随着技术进步和劳动生产率的提高，特别是在大机器生产代替手工操作以后，生产相对剩余价值便成为主要的剥削方法。但是，从资本对雇佣劳动的关系上看，两者的本质是一致的，不论是延长工作日，还是提高劳动生产率，结果都延长了工人的剩余劳动时间，提高了对工人的剥削程度，增加了剩余价值的生产。

五、资本主义基本经济规律

资本主义基本经济规律是剩余价值规律。马克思讲：“生产剩余价值或赚钱，是这个生产方式的绝对规律。”① 剩余价值规律的内容是：资本主义的生

① 《马克思恩格斯文集》第5卷，人民出版社2009年版，第714页。

产目的和动机是追求尽可能多的剩余价值，达到这一目的的手段是不断扩大和加强对雇佣劳动的剥削。

剩余价值规律决定着资本主义生产的实质。资本主义生产的目的是贪婪地追求剩余价值。这是由生产资料资本主义私有制决定的。资本家占有生产资料，就必然要使生产服从追求剩余价值这一目的，资本家一切活动的目的和动机，都是为了榨取尽可能多的剩余价值，这就是资本主义生产的实质。

剩余价值规律决定着资本主义生产发展的一切主要方面和主要过程。资本主义社会生产的各个环节都要受到剩余价值规律的支配。资本主义生产过程是为了创造剩余价值。资本主义分配过程，实质是不同资本家集团瓜分剩余价值。资本主义流通过程，是为剩余价值生产做准备和实现剩余价值。资本主义消费过程，作为资本家的个人消费，要受剩余价值生产的制约，作为工人的个人消费，是为资本家再生产可供剥削的劳动力，是剩余价值生产的必要条件。可见，资本主义的生产、交换、分配和消费的一切主要方面和一切主要过程，都受剩余价值规律的支配。

剩余价值规律决定着资本主义生产方式产生、发展和必然灭亡的全过程，资本家为了攫取尽可能多的剩余价值，不断改进技术，采用新的机器设备，推动生产力的发展。但与此同时，生产资料日益集中到少数资本家手中，从而使资本主义的基本矛盾即生产社会化和资本主义私人占有之间的矛盾日益尖锐。导致周期性经济危机的爆发，经济危机使社会生产力遭到巨大的破坏，暴露了资本主义生产方式的历史局限性。随着无产阶级和资产阶级之间阶级矛盾的加深，资本主义生产方式必然走向灭亡。

六、资本主义工资

1. 劳动力商品的价值和使用价值

像任何其他商品一样，劳动力不仅有使用价值，而且有价值。劳动力商品的价值，按照劳动价值学说，应该是人类一般劳动的凝结，也应该是由生产劳动力商品的社会必要劳动时间决定的。但是，劳动力商品的生产过程有其特点，劳动力是存在于劳动者的身体之中的，劳动力的生产和再生产过程也就是维持劳动者生存、繁衍后代和劳动者知识与才能不断增长的过程。因此，劳动力商品的价值，不是由活劳动的社会必要劳动时间决定，而是由生产和再生产劳动力所花费的消费资料中的物化劳动量决定的。生产和再生产劳动力的消费资料有三个部分：第一，维持劳动力生存所必需的消费资料；第二，养育子女所必需的消费资料；第三，教育和培训劳动者时所必需的消费资料。总之，“劳动力的价值也是由生产从而再生产这种独特物品所必要的劳动时间决定的。”① “劳动力的生产要以活的个人的存在为前提。假设个人已经存在，劳动力的生产就是这个人本身的再生产或维持。活的个人要维持自己，需要有一定量的生活资料。因此，生产劳动力所必要的劳动时间，可以归结为生产这些生活资料所必要的劳动时间，或者说，劳动力的价值，就是维持劳动力占有者所必要的生活资料的价值”②。

劳动力价值的变化取决于两个因素：一是生产、发展、维持和延续劳动力所必需的生活资料的数量，劳动力价值同它成正比例变化；二是生产这些生活资料的部门的劳动生产率（以至于整个社会劳动生产率），劳动力价值同它成反比例变化。劳动力价值变化的最终结果，取决于这两个因素作用力量的对比。

劳动力商品的价值有一个最低限度或者说最小限度，而其他商品则没有这个限度。“劳动力价值的最低限度或最小限度，是指劳动力的承担者即人每天得不到就不能更新它的生命过程的那个商品量的价值，也就是维持身体所必不可少的生活资料的价值”③。一般来说，劳动力商品的价格在大多数情况下应该高于这个最低限度。

劳动力商品的价值构成不仅包括生产和再生产劳动力所需要的社会必要劳动时间，而且还包含着一个历史的和道德的因素。“由于一个国家的气候和其他自然特点不同，食物、衣服、取暖、居住等自然需要本身也就不同。另

① 《马克思恩格斯文集》第5卷，人民出版社2009年版，第198页。
② 《马克思恩格斯文集》第5卷，人民出版社2009年版，第198-199页。
③ 《马克思恩格斯文集》第5卷，人民出版社2009年版，第201页。

一方面，作为必不可少的需要的范围，和满足这些需要的方式一样，本身是历史的产物，因此多半取决于一个国家的文化水平，其中主要取决于自由工人阶级是在什么条件下形成的，从而他有那些习惯和生活要求”①。

劳动力商品价值实现对劳动力所有者具有特殊重要的意义。“劳动能力不卖出去，对工人就毫无用处，不仅如此，工人就会感到一种残酷的自然必然性：他的劳动能力的生产曾需要一定量的生存资料，它的再生产又不断地需要一定量的生存资料。于是，他就和西斯蒙第一样发现了：‘劳动能力……不卖出去，就等于零’”②。其他普通商品卖不出去，可以暂时从流通领域中退出，作为商品库存，它的价值仍然存在。劳动力卖不出去，工人处于失业状态，不仅它的价值等于零，而且对于他的所有者来说，就会面临一种残酷的生存压迫。

因此，在资本主义条件下，从劳动力所有者的角度来看，失业是工人的沉重灾难。虽然将劳动力出卖出去，实现就业，工人会遭到资本家的剥削；但是，既使如此，就业也比失业强得多，受剥削也比不受剥削强得多，“他们的贫困同他们所受的劳动折磨成反比。”③。因为不受剥削、不将劳动力出卖出去，劳动力价值得不到实现，其交换价值也无法获得，劳动力的再生产和生存就可能出现危机。“一个除自己的劳动力外没有任何其他财产的人，在任何社会的和文化状态中，都不得不为另一些已经成了劳动的物质条件的所有者的人做奴隶。他只有得到他们的允许才能劳动，因而只有得到他们的允许才能生存”④。从社会的角度来看，失业是资源的巨大浪费，同其他商品不同，人的劳动能力不仅不宜储存，而且不使用还可能会萎缩、消失。人在劳动过程中，必须使自己身上的自然力运动起来，“当他通过这种运动作用于他身外的自然并改变自然时，也就同时改变它自身的自然。他使自身的自然中蕴藏着的潜力发挥出来”。⑤ 一个人长期处于失业状态，它自身沉睡着的潜力

---

① 《马克思恩格斯文集》第5卷，人民出版社2009年版，第199页。

② 《马克思恩格斯文集》第5卷，人民出版社2009年版，第201-202页。

③ 《马克思恩格斯文集》第5卷，人民出版社2009年版，第742页。

④ 《马克思恩格斯选集》第3卷，人民出版社1995年版，第298页。

⑤ 《马克思恩格斯文集》第5卷，人民出版社2009年版，第208页。

就可能萎缩、消失，毫无疑问，这是一个巨大的浪费。

劳动力的使用价值，就是劳动力的使用，即劳动。劳动力商品的使用价值就是劳动，通过劳动生产出商品；商品的二因素是由生产商品的劳动的二重性生产出来的。一方面作为具体劳动创造出新的符合人们需要的使用价值，另一方面作为抽象劳动凝结为商品的新价值，并且能够创造比劳动力本身价值更大的价值。劳动力商品使用价值的特殊性，在于它不仅是价值的源泉，而且是剩余价值的源泉。自从人类劳动生产出剩余产品以后，就已经存在劳动力创造的价值大于其自身价值的可能性。在劳动力变为商品的过程中，劳动力的价值增值源泉的属性变为现实。在资本主义生产发展过程中，劳动力的使用价值创造的价值，远远大于其自身的价值，而且随着生产力的进步，剩余价值越来越大。

2. 工资是劳动力商品的价格

资本家要进行生产，必须从市场上购买劳动力，工资就是购买劳动力的货币支付。商品的价值表现为价格，因此，工资是劳动力价值或价格的转化形式，“工资不是表面上呈现的那种东西，不是劳动的价值或价格，而只是劳动力的价值或价格的掩蔽形式”①。但是，资本家总是根据工人为他提供的劳动时间和效果，并在工人为他劳动以后支付工资。资本家认为，他购买的是工人的劳动，因此，工资是工人劳动的价格。工人到底出卖的是劳动还是劳动力呢？

工人出卖的只能是劳动力而不是劳动。因为：第一，如果工人出卖的是劳动，劳动就应当是已经存在的东西，人们无法出卖还未存在的东西。但资本家同工人成交的时候，存在的只是工人身体中的劳动力，劳动还没有出现，工人不可能拿一个不存在的东西与资本家交换。而工人的劳动一经出现，就是在资本家的工厂里在资本家的监督下为资本家进行的劳动。工人也不可能拿一个已经属于资本家的东西与资本家交换。第二，如果工人出卖的是劳动，购买劳动的工资也应当是劳动的价格，如果工资是劳动的价格，劳动也应该

① 马克思：《哥达纲领批判》，人民出版社 1965 年版，第 17 页。

有价值。那么，劳动的价值是什么？按照劳动价值学说，价值是人类一般劳动的凝结，劳动的价值也应该是劳动的凝结。劳动的价值由劳动创造，这显然违反形式逻辑，陷入了“同义反复”，正如“什么是半斤？半斤就是五两，什么是五两？五两就是半斤”一样根本无法解释问题。第三，如果肯定工资是劳动的价格，就会得出否定资本主义的结论。在资本主义市场经济中，商品的交换是遵循等价交换原则，按照这个原则，资本家支付的工资应该是工人劳动创造的全部价值，即资本家就应该把可变资本价值和剩余价值全部支付给工人。如果资本家把全部新创造价值支付给工人作为工资，那么，资本家就无利润可赚，资本主义生产方式就根本不存在。但事实并非如此，工人得到的仅仅是资本家用来购买劳动力的可变资本的价值，并非劳动创造的全部价值。

资本主义工资的本质是劳动力的价值或价格，但劳动力的价值或价格又是怎样转化为工资，进而转化为劳动的价值或价格的，这种转化又意味着什么呢？对此，马克思进行了进一步分析。

马克思指出，把劳动力的价值等同于劳动力的使用即劳动创造的全部价值，劳动力的价值就表现为劳动创造的全部价值，即劳动力的价值或价格就转化为工资。劳动力的价值和劳动力的使用即劳动创造的价值是完全不同的两个量，但是，两者都是同一个劳动力商品的属性，人们很容易把劳动力商品的价值等同于它的使用价值，即劳动新创造的价值。同时，劳动力价值的补偿也不同于生产资料价值的转移，它是用劳创造的新价值中的一部分来补偿的，人们往往把新价值中的这一部分价值完全等同于新创造的全部价值。马克思特别举例说明，假定一个普通工作日是 12 小时，劳动力的日价值是 3 先令，资本家按照劳动力价值购买劳动力，支付了 3 先令获得了工人一天 12 小时劳动力的使用权。劳动力使用 12 小时进行的劳动创造的价值是 6 先令，工人得到了 3 先令的工资，这 3 先令的劳动力价值即工人的工资就被看作工人一天 12 小时的劳动的价值，劳动力的日价值就被当作日劳动的价值，这种转化就完成了，劳动力价值就转化为它的反面劳动的价值即工资。

劳动力的价值转化为工资以后，就掩盖了雇佣工人为资本家的无偿的剩余劳动。马克思指出："体现工作日有酬部分即6小时劳动的3先令价值，表现为包含6小时无酬劳动在内的整个12小时工作日的价值或价格。于是，工资的形式消灭了工作日分为必要劳动和剩余劳动，分为有酬劳动和无酬劳动的一切痕迹。全部劳动都表现为有酬劳动。"① 马克思接着指出了这种转化对于资本主义的重要意义。马克思说："因此可以懂得，为什么劳动力的价值和价格转化为工资形式，即转化为劳动本身的价值和价格，具有决定性的意义。这种表现形式掩盖了现实关系，正好显示它的反面。工人和资本家的一切法的观念，资本主义生产方式的一切神秘性，这一生产方式所产生的一切自由幻觉，庸俗经济学的一切辩护遁词，都是以这个表现形式为依据的。"②

劳动力价值或价格转化为工资的必然性。马克思指出："如果说世界历史需要经过很长时间才揭开了工资的秘密，那么相反地，要了解这种表现形式的必然性，存在的理由，却是再容易不过的了。"③ 第一，交换行为和交换关系造成的错觉。资本和劳动的交换，在人们的感觉上，最初完全同其他一切商品的交换一样：买者付出一定数量的货币，卖者付出一定数量的商品。这种区别表现在法律上对等的公式中，"我给，为了你做；我做，为了你给。"第二，劳动力商品形式造成的错觉。工人提供给资本家的劳动力，实际上是劳动力一定期间内的使用权，至于这种劳动力使用与别的商品的使用上的区别，这一点是普通人的意识所不能领会的，况且，工人又是在劳动之后才给报酬的。因此，"劳动的价值""劳动的价格"这种用语，似乎并不比"棉花的价值""棉花的价格"这种用语更不合理。第三，来自工人方面的原因。从工人方面看，提供一定量的劳动才能得到一定量的工资，提供的劳动越多，得到的工资就越多，提供劳动的多少就是获得工资多少的依据。工人一天劳动12小时得到3元工资，对工人来说，这3元工资就是一天12小时劳动的报酬，他不会去考察一天12小时劳动到底创造了多少价值。第四，来自资本家方面的原因。从资本家方面看，他总是想用最少的货币换取最多的劳动，他

① 《马克思恩格斯文集》第5卷，人民出版社2009年版，第619页。
② 同①。
③ 同①。

所关心的只是他支付的工资价值额和支付工资后让工人劳动创造的价值之间的差额，即剩余价值的大小，而不去考虑他所支付的工资是劳动的价值还是劳动力的价值。第五，工资的实际支付形式造成的错觉。在实际工资支付中，工资与劳动时间相联系。劳动时间长，提供的劳动多，工资就多；反之，工资就少。这样，工资就好像是支付的劳动的价值或价格。工资与劳动者的技能相联系。劳动熟练程度不同，提供的劳动量就不同，同一时间内创造的价值量就不同。劳动熟练程度高提供的劳动量大，工资就多；反之，工资就少。这样，工资也好像是劳动的价值或价格。

马克思最后总结："总之，就'劳动的价值和价格'或'工资'这个表现形式不同于它所表现的本质关系，即劳动力的价值和价格而言，我们关于一切表现形式和隐藏在它背后的基础所说的话，也是适用的。前者是直接地、自发地、作为流行的思维形式再现出来的，而后者只有科学才能揭示出来。古典政治经济学几乎接触到事物的真实状况，但是没有自觉地把它表述出来。只要古典政治经济学附着在资产阶级的皮上，它就不可能做到这一点。"① 马克思的工资理论揭示了资本主义剥削实质是在等价交换形式下掩盖的剥削。工资表面上作为劳动的价格，掩盖了必要劳动和剩余劳动的区别，有酬劳动和无酬劳动的区别，好像全部劳动都是有酬的，根本不存在剥削。这就是资本主义工资上反映的资本主义生产关系。

3. 工资的形式及变动

资本主义工资的基本形式有两种：计时工资和计件工资。计时工资是按照劳动的自然尺度——劳动时间支付的工资形式。计件工资是按照劳动物化形式——产品数量或作业量支付的工资形式。在这两种工资形式中，计时工资是最基本的，计件工资是计时工资的转化形式。计件工资无法在时间上划分必要劳动和剩余劳动的界限，其剥削的形式具有更大灵活性，可以通过向家庭、妇女和儿童分包产品，从而扩大获取剩余价值的范围和数量。在资本主义发展初期和中期，计件工资曾经得到普遍实行，马克思曾经指出"计件

① 《马克思恩格斯文集》第5卷，人民出版社2009年版，第621-622页。

工资是最适合资本主义生产方式的工资形式”①。随着生产技术的进步，流水作业线得到广泛应用，成套设备不断扩大规模，计时工资又东山再起。

劳动力价格的工资高低还需要比较名义工资和实际工资的差距。名义工资是指资本家支付给工人工资的货币额，也称货币工资；实际工资是指工人用货币工资能够实际购买到的生活资料和各种服务的数量。由于经济运行中经常出现通货膨胀和物价上涨，名义工资和实际工资往往发生背离。在名义工资不变的情况下，实际工资可以下降；即使名义工资有所提高，但只要提高的幅度低于生活资料价格的提高幅度，实际工资就会下降，工人的劳动力价值可能无法全部实现。因此，只有实际工资才能真实反映工人劳动力价值的大小，反映工人的实际生活水平。

当劳动力再生产条件发生显著变化，引起所需生产资料数量显著增加，而社会劳动生产率提高的幅度小于这种增加时，劳动力价值是提高的，这时，工资也必须相应提高，否则工资就会低于劳动力价值。当劳动力再生产条件从而所需的生活资料相对稳定，而社会劳动生产率提高时，劳动力价值呈下降趋势。这时，往往会发生这样的情况：名义工资维持不变或略有增加，而物价普遍上涨，结果是实际工资减少。

和一般商品一样，劳动力商品的市场价格还受到供求关系的影响。对劳动力需求增加时，例如，在经济相对繁荣时期、经济周期的高涨阶段、生产突然扩张和营业迅速扩大的情况下，工资水平会提高；对劳动力的需求减少时，例如，在与上述情形相反形势下，工资水平会下降，或者表现为名义工资增长幅度低于物价上涨幅度。在资本主义经济中，由于相对过剩人口存在，大批失业工人随时准备接受较低工资，由此形成的在业工人的压力，有利于资本家压低工人的工资。

4. 工资的国民差异

各个国家的工资水平存在的差别叫作工资的国民差异。马克思指出：“在比较国民工资时，必须考虑到决定劳动力的价值量的变化的一切因素：自然

---

① 《马克思恩格斯文集》第5卷，人民出版社2009年版，第640页。

地和历史地发展起来的首要生活必需品的价格和范围，工人的教育费用，妇女劳动和儿童劳动的作用，劳动生产率，劳动的外延量和内涵量”①。一般情况下，发达的资本主义国家，经济发展水平和文化发展水平比较高，所以工资实际水平也比较高；而在落后的资本主义国家或殖民地、半殖民地，由于情况相反，实际工资水平比较低。

资本主义工资的变动趋势具有以下特征：名义工资一般呈增加趋势；实际工资随资本主义经济周期时而降低时而提高，特别是第二世界大战以来，提高的趋势更加明显。资本主义生产的基础是“生产工人把自己的劳动力作为商品卖给资本家，然后劳动力在资本家手中只作为他的生产资本的一个因素来执行职能”②，“劳动力的买和卖，这种行为本身又是建立在先予社会产品的分配并作为前提的生产要素的分配的基础上的，也就是建立在作为工人的商品的劳动力和作为非工人的财产的生产资料互相分离的基础上”③。因此，资本主义时期“自由工人和他的生产资料的分离，是既定的出发点，并且我们已经看到，两者在资本家手中是怎样和在什么条件下结合起来——就是作为他的资本的生产的存在方式结合起来的”④。

5. 劳动力成为商品的条件

劳动力商品既是一个经济范畴，也是历史的范畴。马克思认为，劳动力成为商品必须具备两个条件：第一，劳动者具有人身自由，不包含任何从属关系或人身依附关系，可以自由出卖自己的劳动力。在农奴制度和封建制度中，劳动者受到人身束缚，不可能使其劳动力成为商品出现在市场上。此外，劳动力商品的这种出卖还必须以一定的时间，如一月、一周、一日为单位逐次进行，不能一次卖完。如果一次卖完，就等于卖身为奴，就不是出卖劳动力了。第二，劳动者一无所有，丧失一切生产资料和生活资料，除了他自己的劳动力，一无所有。这里的自由有两层含义：“一方面，工人是自由人，能

① 《马克思恩格斯文集》第5卷，人民出版社2009年版，第644页。
② 《马克思恩格斯全集》第1版第24卷，第427页。
③ 《马克思恩格斯全集》第1版第24卷，第428页。
④ 《马克思恩格斯全集》第1版第24卷，第44页。

够把自己的劳动力当作自己的商品来支配，另一方面，他没有别的商品可以出卖，自由得一无所有，没有任何实现自己的劳动力所必需的东西”①。如果自己占有生产资料，能够利用自己的劳动能力生产出某些产品，依靠劳动产品维持生计，就不必出售自己的劳动力。

十分清楚，如果在自然经济条件下，劳动者与土地结合在一起，以家庭为核心形成自给自足的生产单位，劳动者就不可能成为雇佣劳动者，所以小生产与其生产资料的联系程度越疏远，离出卖劳动力出卖者的地位就越近。马克思从大量的历史文献和历史资料中，得出结论：“掠夺教会地产、欺骗性地出让国有土地，盗窃公有地，用剥夺方法、用残暴的恐怖手段把封建财产和克兰财产转化为现代私有财产，这就是原始积累的各种田园诗式的方法。这些方法为资本主义农业夺得了地盘，使土地与资本合并，为城市工业造成了不受法律保护的无产阶级的必要供给”②。这些被迫离开土地的人们，大批地变成了乞丐、盗贼、流浪者，在生计和血腥法律的双重压力下，被迫走向资本家的工场，“这样，被暴力剥夺了土地、被驱逐出来而变成了流浪者的农村居民，由于这些古怪的恐怖的法律，通过鞭打、烙印、酷刑，被迫习惯于雇佣劳动制度所必需的纪律”③。在经历了血与火的资本原始积累后，劳动者才和他的生产资料被迫分离，自由劳动力转变为靠出卖劳动力商品为生的无产者。

第三节　关于马克思剩余价值理论的不同见解

一、关于资本范畴

1978 年改革开放以前的长时期内，我国经济理论研究和政策中都将“资

① 《马克思恩格斯文集》第 5 卷，人民出版社 2009 年版，第 197 页。
② 《马克思恩格斯文集》第 5 卷，人民出版社 2009 年版，第 842 页。
③ 《马克思恩格斯文集》第 5 卷，人民出版社 2009 年版，第 846 页。

本”视为资本主义经济所特有的经济范畴，而否认其在不同经济制度下的一般性。20世纪50年代传入我国的苏联政治经济学教科书坚持这样的观点，对我国学术界产生了重要影响。①

卓炯是我国最早论证剩余价值“一般和特殊”的学者之一，他主张社会主义经济理论应接纳剩余价值范畴，但却同样不承认资本的一般性。他指出：“资本是资本主义的特殊经济范畴，与资本相对立的作为社会主义的特殊经济范畴，我把它叫作社本。……资本是资本主义之本，而社本便是社会主义之本。至于资金我把它作为资本和社本的一般范畴。”②

大部分学者不同意这样的观点。例如，有学者认为，无论是理论的分析还是现实的考察，“资本”的范畴是不可能存在于社会主义经济之中的。因为资本作为预付价值，它的增值功能与循环功能是有助于生产资料的资本家所有制（资本主义所有制）才得以表现和实现。社会主义商品经济就其本质来说，是建立在生产资料公有制基础上的，不存在雇佣劳动制度，因而没有资本的生存基础，所以不可能存在“资本”范畴。③

1978年改革开放以后，特别是20世纪90年代，我国学术界对资本的认识有了突破性进展。党的十四届三中全会通过的《关于建立社会主义市场经济体制若干问题的决定》在阐述社会主义现代企业制度和市场体系时，第一次在党的文献中使用了“资本”一词，从而使人们开始了对资本范畴的再认识。学术界基本形成的共识是，资本不是资本主义经济的特有范畴，而是资本主义市场经济和社会主义市场经济的共有范畴。

如有学者认为，经济范畴是经济关系和经济运行进程的理论表现。既然现实情况已同原来的设想不一样了，那就应该实事求是地从变化了的情况出发，对某些经济范畴进行再认识。马克思是在只有资本主义经济才是商品经济的条件下断定剩余价值是资本主义经济特有的范畴的。现在，既然社会主义经济也是商品经济，剩余劳动也要物化为价值形态，那么，我们就应该实

---

① 苏联科学院研究所：《政治经济学教科书》下册，人民出版社1959年版。

② 卓炯：《关于〈资本论〉的生命力探讨》，《学术研究》，1983年第2期。

③ 黄正凌：《资金形成与金融发展》，中国金融出版社1992年版，第27-28页。

事求是地把剩余价值范畴不要看作是资本主义经济的特有范畴，而是资本主义经济和社会主义经济的共有范畴。在这种再认识中，资本的定义仍然是“带来剩余价值的价值”或“能给其所有者带来一个增值额的价值”。我们说坚持马克思主义，就是坚持了马克思在《资本论》中对剩余价值和资本的基本内涵的科学分析。社会主义国家资本这个范畴表明资本的所有者是社会主义国家所代表的全体人民，资本所带来的剩余价值不归个人所有，一部分由国家代表全体人民占有，用于为全体社会成员谋福利，另一部分归国有企业占有，用于发展社会主义生产、增加职工集体福利和作为职工的奖励基金。在这里，社会主义国家资本这个范畴所反映的是社会主义全民所有制的经济关系，是排斥任何人对人的剥削制度的。①

又如，有学者认为，资本既不姓“资”也不姓“社”，它与市场经济同在。社会主义经济是市场经济而非计划经济，因而就必然存在商品、货币、资本、利润、利息和地租等一系列经济范畴。只讲商品、货币、利润，而不讲资本和剩余价值，那么利润就成了“无源之水”，因为利润、利息和地租是从剩余价值转化而来的，而剩余价值又是资本带来的，显然，我们以前人为地割断资本概念与其他概念的必然联系，不仅在逻辑上说不通，而且在实践上也是无法解释清楚的。②

二、关于剩余价值范畴的不同认识

国外主流经济学家们是不承认剩余价值概念的。在他们看来，在完全竞争的市场经济条件下，工人出卖的是自己的劳动，可以完全按照自己的劳动加到产品上的价值得到收入，所以不会有剩余价值，利润的产生与工人无关，完全是由资本产生的。但是有一些学者从资本家阶级和工人阶级两个阶级相对立的角度承认有剩余价值，工人创造的剩余价值归谁占有和占有多少，完全取决于这两大阶级的力量对比。如果工会力量弱，失业率高，每小时的劳

① 蒋学模：《社会主义经济中的资本范畴和剩余经济范畴》，《经济研究》，1994 年第 3 期。
② 何维达：《社会主义经济条件下资本存在的客观性和功能》，《当代财经》，1996 年第 2 期。

动强度就会加大，工资不变，由于劳动强度加大创造的价值就会变成剩余价值被资本家拿走。如果工会力量强，充分就业，工人就可以抵制住劳动强度加大的压力，并参与分享经济剩余，资本家就很难得到剩余价值。还有一些学者从阶级合作的角度进行研究，他们认为，如果工人不要求工资提高到把全部剩余价值都收归工人，资本家同意将工人工资水平提高到工人基本生活水平以上的程度，两者就可以达成一致。工人工资可以提高，资本家的利润也可以增长，从而实现共赢。

国内经济学界关于剩余价值范畴的认识有特殊范畴、一般范畴和统一范畴三种不同的观点，这是与资本范畴的认为相一致的。一些学者认为，资本和剩余价值是马克思分析资本主义剥削特有的范畴，但社会主义必然存在剩余劳动和剩余产品，因为它们是社会积累和经济发展的基础和源泉，但是不能用剩余价值概念来表达，可以用剩余产品价值、净产值或公共必要价值来代替。另一些学者认为，资本和剩余价值是市场经济的一般范畴，或者换句话说，有市场经济就必然有资本和剩余价值。因为社会主义和资本主义都存在市场经济，用两套术语会产生很多麻烦，也没法进行对比分析。还有一些学者认为，资本和剩余价值是一般属性和特殊属性的统一的范畴。只要是市场经济都存在资本和剩余价值，两者的性质是由社会制度的性质决定的。在资本主义市场经济中的资本和剩余价值是剥削范畴，在社会主义市场经济中的资本和剩余价值就不是剥削范畴。

三、关于资本主义工资的不同认识

英国古典政治经济学的集大成者李嘉图曾经论述过工资和利润的关系，他认为两者是此消彼长的关系，在此基础上，进一步论证了资本家与工人之间的利益对立关系。新李嘉图主义也是承认工资与利润对立的，是工人阶级和资产阶级两大阶级对立的表现。但是他们不知道也不愿意知道资本主义工资的本质到底是什么。而现代西方经济学界对马克思关于资本主义工资本质的论述普遍是持否定态度的。罗默认为，“不能说劳动力是特殊商品，不应把马克思分析19世纪资本主义社会所用的范畴来分析现代社会。”① 法国经济学家马雷克说：“在我们的社会里，只有‘劳动的价值’这一术语才有意义，因为‘劳动力的价值’只有在事后由耐用消费品价格与劳务价格才能计算出来。”②

关于资本主义工资变动的趋势。随着资本主义经济的发展，资本主义工人的工资出现了新的变化。有人认为，工人普遍持股，利润与资本家分享，工人不仅得到了自己劳动力的价值，而且还分享了剩余价值，工资已经突破了劳动力价值的界限。有的甚至还认为，现在不是资本家剥削工人，而是工人剥削了资本家。

利润分享制是与工资制度对应的一种收入分配制度，是企业所有者和职工分享企业利润的一种企业纯收入分配模式。这一理论由美国麻省理工学院的经济学教授马丁·L. 威茨曼1984年出版的《分享经济》中提出。当时的西方国家出现了经济停滞与通货膨胀并存的“滞胀”现象。面对这一现象，西方经济学家纷纷提出各自的理论观点和政策建议，威茨曼教授提出，要战胜滞胀，就“需要从根本上改变雇员的报酬制度。”“滞胀的最终解决需要通过改变劳动报酬的性质来触及现代资本主义经济的运行方式，并直接在各个厂商一级矫正根本的结构缺陷。我们要选择一种具有自动抵制失业和通货膨胀功能的报酬制度，即使工人的工资与某种能够恰当反映厂商经营的指数（譬如厂商的收入或利润）相联系。”③ 威茨曼认为，工资制度是产生滞胀的根本原因。如果雇员的劳动报酬与企业经营成效挂钩，雇员就与股东们一样按一定的比率分享企业的利润，它不仅可以从微观上改善企业的经营机制，增加企业总收入，而且更为重要的是它能够在宏观上克服经济衰退和通货膨胀的作用，具有更多吸纳就业的机制。

利润分享制确实带来了劳资关系的新变化，出现了与传统意义上的工人

---

① 罗默：《马克思经济理论分析基础》，剑桥大学出版社1981年版，第208页。

② 马雷克：《卡尔·马克思的〈资本论〉导论》，牛津大学出版社1979年版，第19页。

③ [美]马丁·L. 威茨曼著：《分享经济》，林青松等译，中国经济出版社1986年版，第2页。

阶级和资产阶级利益根本对立不同的新情况，也使得昔日资本主义社会劳资两大阵营尖锐对立的状况复杂化和模糊化了。然而，利润分享制与马克思分析的资本主义工资不是一个可以相提并论的问题。第一，马克思所讲的资本主义工资本质上不是收入分配关系而是生产关系和由生产关系决定的交换关系，资本主义生产的前提是生产资料与劳动者的分离，在两者分离的条件下，通过劳动力的买卖使两者按照资本主义生产方式结合起来从事生产，这种生产也就是剩余价值的生产。工资只是工人出卖劳动力商品得到的劳动力商品的价值或价格，而不是工人的劳动报酬。第二，利润分享制是把工人的工资分为基础工资和共享工资，把共享工资拿出来在工人队伍中进行分享，这实际上是将本来就属于工人工资中的一部分拿出来在企业内部进行调节的激励机制，其实质仍然是加强对工人阶级剥削的手段。第三，即使工人真正是投资入股来分享企业的利润，也不会改变资本家剥削工人的根本性质。因为全部利润都是工人剩余劳动创造的，工人手中的资本只是他的工资转化而来，工人用昨天的工资所得转化资本家更多地剥削工人的手段，虽然工人可以从这种剩余中得到一份，但这只是说明工人阶级用自己的双手锻造的金锁链将自己捆绑在资本家的战车上更紧更牢。

第四节　马克思剩余价值理论的现实意义

一、现代资本主义经济的基本规律仍是剩余价值规律

第二次世界大战以后，国家垄断资本主义迅速发展，新的科技革命对世界经济的发展产生了广泛而深刻的影响。发达资本主义国家的生产力和生产关系出现了许多新的情况和新特点，但是，马克思剩余价值理论依然是剖析当代资本主义的锐利思想武器。当代资本主义经济的剥削本质未变，其基本规律仍是剩余价值规律。马克思在《资本论》中曾精辟地指出：生产剩余价

值或赚钱是这个生产方式的绝对规律。当代资本主义条件下的科技革命并没有改变资本主义私有制下资本和雇佣劳动的关系。当代资本主义的基本经济规律仍然是剩余价值规律，所不同的只是经济现象和规律的作用形式发生了变化。

二、如何看待社会主义条件下私营经济中的剥削现象

社会主义条件下的私营经济是以雇工为基础的经济。有雇工就有雇佣劳动关系，就有剥削，这是不能否认的。问题是，我们应当如何看待社会主义条件下的雇佣劳动关系和剥削现象？我国的私营企业，大部分是在党的改革开放政策鼓励下发展起来的。私营企业家的经济行为具有两面性：他的正常经营管理属于高级复杂劳动，可以创造更多的价值。如果他们同时从事科技工作，兼有管理和科技工作的双重职能，就是倍加的复杂劳动。但是，私营企业家尤其是大中型私营企业家的收入，除了相当于高级工薪收入部分，还会有更多的利润。这种利润的来源是存在剥削性质的。但是，我们承认其中包含着剥削并不意味着就要消灭它。即使是资本主义性质的剥削，马克思也曾指出过，它相对于奴隶制和封建制来说，“都更有利于生产力的发展，有利于社会关系的发展，有利于更高级的新形态的各种要素的创造。”① 因此，必须根据新的情况，对我国社会主义市场经济中存在和发展的私营经济的必要性和重要性以及它的地位、作用和性质加以更深入的研究。

剥削现象，从一般意义上讲，是指社会上一部分人或集团凭借他们对生产资料的占有或垄断，无偿地占有那些没有或者缺少生产资料的人或集团的剩余劳动和剩余产品。

剥削现象实质上是依靠对财产的私人占有从而无偿占有他人创造的社会财富的一种经济关系。“财产最初无非意味着这样一种关系：人把他的生产的自然条件看作是属于他的，看作是自己的，看作是与他自身的存在一起产生

① 《马克思恩格斯全集》第25卷，人民出版社1975年版，第925-926页。

的前提”①。历史上出现的剥削现象大多都与私人财产的形成方式和支配方式有关。在原始社会，氏族部落的生产资料和生活资料都是共有的，个人没有私有财产。人类在从原始社会的野蛮时代迈向文明时代的时刻，采取了最野蛮的方式，即彻底剥夺一部分人，使其成为奴隶，成为另一部分人可以任意使用和支配、并为其创造财富的财产。在封建社会，土地是最重要的生产资料，它掌握在地主手中，农民必须依附于土地才能生存，农民实际上并不拥有多少财产，他们与财产的关系是间接的，即主要通过租种地主的土地并向其缴纳地租来实现。在资本主义社会，资本家的财产主要是通过资本原始积累，即通过暴力对小生产者财产的剥夺而实现的。“剥夺人民群众的土地是资本主义生产方式的基础”②。“资本来到世间，从头到脚，每个毛孔都滴着血和肮脏的东西”③。资本家依靠对生产资料的占有无偿占有雇佣工人创造的剩余价值，从而形成资本主义剥削。可见，历史上存在的剥削现象都是以私有制基础上的剥削阶级的存在和剥削阶级与被剥削阶级的根本对立为前提的。

在我国现阶段，实行的是公有制为主体、多种所有制经济共同发展的基本经济制度，作为剥削阶级的资产阶级已不存在，那么，剥削现象是否存在？我们认为，一方面，我们要敢于承认有剥削。因为，作为剥削现象存在基础的私有制经济依然存在，作为依靠对生产资料私人占有而无偿占有他人劳动及其成果的剥削现象就依然存在。另一方面，我们又必须把我国现阶段存在的剥削现象与历史上存在的阶级剥削严格区别开来。首先，我国现阶段的剥削不再是社会占主体地位的阶级剥削，而是依附于并服务于社会主义公有关系的一种剥削现象；其次，我国私营企业主的初始资本不是靠对别人财产的剥夺，而主要是靠个人劳动积累所形成的。再次，我们要把私有经济中私营企业主的劳动收入与非劳动收入严格区别开来。目前我国的私营企业主一般是自己管理企业。作为企业的管理者的劳动是生产性劳动，它既创造社会财富，也创造价值，特别是现代化大企业中的管理劳动，比起直接加工于劳动

① 《马克思恩格斯全集》第46卷上册，人民出版社1972年版，第492页。

② 《马克思恩格斯文集》第5卷，人民出版社2009年版，第880页。

③ 《马克思恩格斯文集》第5卷，人民出版社2009年版，第871页。

对象的一般劳动而言，对社会经济发展的贡献更大，创造的价值更多。他们由此得到的比一般工人更多的收入当然属于劳动收入。扣除属于劳动收入的部分外，剩下的才是非劳动收入。最后，我们要把作为非劳动收入的剥削收入与一般的非劳动收入严格区别开来。剥削收入属于非劳动收入，但非劳动收入并非都是剥削收入。在非劳动收入中还包括存款利息、馈赠、遗产、转移支付，等等。纯粹由于他们投资而无偿占有工人创造的剩余价值部分，一般才应视为剥削收入。但是，有剥削收入的人不一定就是剥削者，只有以剥削收入作为主要生活来源的人才属于剥削者。即使是剥削者，一般也并不构成与工人阶级根本对立的利益集团，而可能成为有中国特色社会主义建设者队伍中的一个组成部分。

有人认为，剥削问题是我们国家为了发展经济不得已采取的一项政策，如果条件发生了变化，这种政策是可以改变的。我们不是这样看的。我们的观点是：剥削现象，不属于主观道义范畴，而是我国社会主义初级阶段市场经济发展的客观存在。

（1）剥削是一个历史现象，消灭剥削也是一个历史过程。马克思主义创始人关于消灭阶级剥削的理论，是从生产力原则出发的，认为当时资本主义生产关系已经阻碍生产力的发展，表现为周期性经济危机和工人阶级劳动与生活条件的恶化，因此，这种阶级剥削应当被消灭，并由公有制社会所取代。但是，即便如此，马克思对作为资本家阶级剥削的评价也是持科学的、实事求是的态度，而不是简单化地将其与罪恶直接连在一起。反而认为，资本主义剥削方式，比起奴隶制、封建制等剥削方式更有利于生产力的发展。马克思说："资本的文明之一是，它榨取剩余劳动的方式和条件，同以前的奴隶制、农奴制等形式相比，都更有利于生产力的发展，有利于社会关系的发展，有利于更高级的新形态的各种要素的创造"①。我国现阶段的私营企业，是在党的改革开放政策的引导和鼓励下发展起来的。从我国国情出发，我们目前和今后相当长一个时期内的根本任务是快速发展生产力，增强我国的综合国

① 《马克思恩格斯全集》第25卷，第925-926页。

力和提高人民群众的生活水平，而不是不顾条件的可能去消灭一切剥削，甚至包括资本主义性质的剥削。

（2）剥削现象存在的基础是私有制经济，而包括私有制经济在内的多种非公有制经济的存在和发展，是我国现阶段基本经济制度的重要组成部分。习近平同志指出："我国非公有制经济，是改革开放以来在中国共产党的方针政策指引下发展起来的，是在中国共产党领导下开辟的一条道路。"① 在公有制为主体的条件下，允许和鼓励非公有制经济发展，有利于建设有中国特色的社会主义。只要私营企业主遵守国家税收、劳动者权益、社会保障、安全生产、环境保护等各项法律法规，不损害劳动者的根本利益，其占有的剩余价值既是合理的，又是合法的。在国家法律规定的范围内，私营企业主从事生产经营活动的直接目的是获取剩余价值，但是，在他们增加利益的同时，也使国家得到了更多的积累，职工得到了更多的收入。因此，非公有制经济的存在和发展，不仅不与国家和工人阶级根本利益相对立，而且符合社会主义本质的要求，与国家和工人阶级的根本利益和奋斗目标是一致的。如果离开我国社会主义的实际，从一般抽象的角度看，好像偏离了我们所追求的共产主义远大目标，实际上却是更有效地推进了有中国特色的社会主义的历史进程。在我国，如果说没有公有制为主体就谈不上社会主义的话，那么同样，如果没有非公有制经济的存在和发展，也就建不成有中国特色的社会主义。

（3）在我国现实的经济建设中，存在着剥削成分的非公有制经济具有重要的地位和作用。①它是推动我国经济增长的重要力量。改革开放以来，我国国民经济以年均9.5%的速度增长，而非公有制经济增长速度高达30%。特别是在沿海地区和县域经济中，已经成为主要的经济增长点。②它是新增就业的主渠道，是社会稳定的支持力量。目前我国地方政府十分重视非公有制经济的发展，一个很重要的原因是发展非公有制经济能够解决就业问题，可以增加税收。如果不是近年来民营经济的大发展，中国的就业压力将会更大，如果有大量的人员不能就业，他们没有生活来源，就会到政府门口静坐示威，

① 习近平：《毫不动摇坚持我国基本经济制度，推动各种所有制经济健康发展》，《人民日报》2016年3月9日。

就会影响政治大局和社会安定。民营经济发展了，就业人员多了，地方政府的压力小了，地方收入也增加了，这样，有利于当地生产力的发展，有利于地方收入的增加，有利于人民群众收入的提高和生活的改善，这是邓小平“三个有利于”标准的具体体现。③非公有制经济是我国建立市场经济体制的先导和重要的推动力量。它生在市场，长在市场，对市场的适应能力较强。它的发展，促进了整个社会经济的发展和市场竞争态势的形成，同时也推动了公有制经济的改革和发展。正如习近平同志指出的：“我国非公有制经济从小到大，由弱变强，是在我们党和国家方针政策指引下实现的。长期以来，我国非公有制经济快速发展，在稳定增长、促进创新、增加就业、改善民生等方面发挥了重要作用。非公有制经济是稳定经济的重要基础，是国家税收的重要来源，是技术创新的重要主体，是金融发展的重要依托，是经济持续健康发展的重要力量。”①

有人认为，包括私营经济在内的非公有制经济，是我国社会主义市场经济中的补充成分，它们的大发展必然挤占公有制经济发展的空间，因此，应适当给予限制。我们也不是这样看的。我们认为，大力发展包括私营经济在内的各种非公有制经济，是建设社会主义市场经济的客观要求，必须在全社会范围内形成有利于私营经济发展的更为宽松的经济环境和更广阔的制度空间。

第一，要真正把发展私营经济放在国民经济全局上加以高度重视，并把发展私营经济与搞活国有经济和调整经济结构结合起来。第二，尽快解决私营经济的国民待遇问题，从体制和机制上解决私营企业融资难和自营出口难等问题。要适当扩大国有商业银行向私营企业贷款的比重，尽快组建民间投资担保机构，允许符合条件的私营企业到境外资本市场融资。第三，减少对私营企业的行政性审批，简化工商登记手续，一般私营企业的建立由审批制改为备案制，同时降低注册资本的门槛，鼓励发展私营中小企业。第四，打破行业垄断，调整市场准入政策，清理和取缔限制社会投资的不合理规定，

---

①　习近平：《毫不动摇坚持我国基本经济制度，推动各种所有制经济健康发展》，《人民日报》2016年3月9日。

扩大私营经济的投资领域，建立和完善公平竞争的市场机制。除少数关系国家安全和必须由国家垄断经营的行业外，都应允许私营资本投资经营。第五，要支持私营企业参与国有企业改革重组，鼓励高科技私营企业尽快进入电力、水利、铁路、公路、港口、公共工程等设施的建设，对于电信、邮政、金融、保险、教育、卫生、文化、体育等行业，也要降低准入条件，吸纳民间投资。第六，出台各种鼓励、扶持措施，完善私营企业经营环境。取消对私营企业发展的多种限制性、歧视性条文，制定鼓励私营中小企业，特别是私营科技企业发展的政策。第七，提高对私营企业的服务功能。加强对私营企业的调查研究，及时提供和发布有关市场信息，搞好必要的规划、协调、引导和服务，建立行业协会，发展多层次、多形式的中介服务组织，为私营经济的发展提供全方位的优质服务。

当然，对私营企业和私营企业家要进行分类指导。有些私营企业家综合素质高，文明管理，尊重职工权益，乐于扶贫济困，通过各种形式回报社会，对自身及家属严格要求，企业效益好，对国家贡献也大。政府和社会对这类企业家应给予更多的支持和鼓励，也可以授予他们“优秀企业家”等称号，并给予相应的社会荣誉。对其中符合党员条件的优秀份子，及时地将他们吸收到党内来，以加强党的执政基础。对那些素质不高，唯利是图，严重损害职工权益，甚至制假贩假、坑蒙拐骗的私营企业，要加强教育、监督和引导，对一些不法行为，也必须坚决予以取缔和打击。

第六章　马克思的资本积累理论

这里阐述的是《资本论》第一卷第七篇的主要内容。在这一篇，马克思从直接生产过程论述了剩余价值转化为资本即资本的积累过程，包括资本主义的简介再生产和扩大再生产的基本原理、资本主义积累的一般规律和历史趋势的基本原理，以及包含在资本积累过程中的商品生产所有权规律转化为资本主义占有规律、资本主义相对过剩人口规律和无产阶级贫困化规律、资本主义必然被新的社会制度取代即资本主义必然灭亡规律。

这一篇除引言外包括5章内容。第21章分析资本主义简单再生产，揭示了资本主义生产方式的新的特征。第22章分析资本主义扩大再生产，揭示了商品生产所有权规律必然转化为资本主义占有规律。第23章分析资本主义积累的一般规律，揭示了资本有机构成的提高对工人阶级的影响，并在此基础上发现了资本主义特有的相对过剩人口规律和无产阶级贫困化。第24章分析资本的原始积累，马克思主要从西欧国家的史实出发，揭示了资本原始积累过程的实质、资本主义积累的历史趋势即资本主义必然被新的社会制度取代的历史必然性。第25章分析现代殖民理论，进一步揭示资本主义生产方式的建立是以剥夺劳动者的土地等生产资料为前提的。

本篇开始的几个假定。广义的资本积累即资本主义再生产，研究资本积累就是研究资本主义再生产过程，而再生产过程既包含着资本的流通过程，也包含着资本主义剩余价值的分配过程。马克思认为，由于“剩余价值的分割和流通的中介运动模糊了积累过程的简单的基本形式。因此，对积累过程的纯粹的分析，就要求我们暂时抛开掩盖它的机制的内部作用的一切现象。”① 为了纯粹地从直接生产过程来考察资本主义再生产，马克思先对资本流通概念加以简单说明，做出了以下几个假定：第一，假定资本按正常的方式完成自己的流通过程即资本的运动过程；第二，假定资本主义的生产者是剩余价值的全部占有者。这两个假定具有现实性。因为，资本积累的过程，商品转化为货币，货币转化为资本，剩余价值资本化，流通就是题中应有之义。而且，剩余价值总是先由产业资本家占有，然后再进行分割。

第一节　马克思资本积累理论的思想来源

关于资本起源问题。在马克思以前的经济学家都认为是资本家劳动或工资积累、牺牲消费或节俭的结果。

杜尔哥认为，由于一部分人勤俭节约，把自己所得到的工资的一部分节约积累起来就产生了资本，这些人也就成了资本家。他说：“资本不外是土地所生产的一部分价值的积累，这一部分价值是收入的所有者或分享者可以每年储存起来，而不用来满足自己的需要的。”② 这里，“收入的分享者”是指从事农业和工业的劳动者，他们分享的是工资，工资储存起来就成为资本。马克思对此评论说，在杜尔哥看来，“资本家在此以外积累的东西，是从他们的‘工资’中（从供他们消费的收入中，因为利润正是被看作这种收入）积攒下来的。”③

亚当·斯密完全继承了杜尔哥对资本起源的说教。斯密认为，资本是资本家积累起来的用于继续生产的储存品。这种储存品最初是怎么来的呢？他说：“资本增加的直接原因，是节俭，不是勤劳。诚然，未有节俭以前，须先

① 《马克思恩格斯文集》第5卷，人民出版社2009年版，第652页。

② 《马克思恩格斯全集》第26卷第1分册，人民出版社1975年版，第34页。

③ 《马克思恩格斯全集》第26卷第1分册，人民出版社1975年版，第34页。

有勤劳，节俭所积累的物，都是由勤劳得来。”① 关于资本原始积累过程，马克思在《资本论》第1卷第24章第7节进行了科学的分析和精辟的阐释。马克思认为，“资本自来到世间，从头到脚，每个毛孔都滴着血和肮脏的东西。”资本原始积累的过程是用血和火的文字编入人类编年史的。

关于资本积累。马克思在《资本论》第1卷第22章第2节和第3节详细分析和批判了资产阶级经济学有关这一问题的错误见解。马克思指出：“古典经济学强调指出，积累过程的特点是，剩余产品由生产工人消费，而不由非生产工人消费，这一点是对的。”② 因为，“资本家为自己消费而用一部分剩余价值购买的商品，对他不能起生产资料和价值增值手段的作用，同样，他为满足自己的自然需要和社会需要而购买的劳动，也不起生产劳动的作用。资本家没有通过购买这种商品和劳动把剩余价值转化为资本，相反地，把它作为收入消费掉或花掉了。……在资产阶级经济学看来，具有决定性重要意义的是，宣布积累资本是每个公民的首要义务，并谆谆告诫人们，如果把全部收入吃光用尽，而不把其中相当一部分用来雇佣追加的生产工人，让他们带来的东西超过他们耗费的东西，那就不能积累。”③

但古典经济学的错误也正是从这里开始的。因为，“亚当·斯密使人们形成一种流行的看法，把积累仅仅看成剩余产品由生产工人消费，或者说，把剩余价值的资本化仅仅看成剩余价值转变为劳动力。”④ 李嘉图和一切以后的经济学家追随斯密一再重复地说：“加入资本的那部分收入，是由生产工人消费的，这就错上加错了。”⑤ 因为，如果转化为资本的剩余价值将都要转化为可变资本了，就没有追加的不变资本。而实际上，剩余价值和原预付资本一样，分成不变资本和可变资本，分成生产资料和劳动力。但是，亚当·斯密则根据自己错误的分析得出了以下荒谬的结论：虽然每一个资本分成不变组成部分和可变组

① 斯密：《国民财富的性质和原因的研究》上册，商务印书馆1972年版，第310页。
② 《马克思恩格斯文集》第5卷，人民出版社2009年版，第680页。
③ 《马克思恩格斯文集》第5卷，人民出版社2009年版，第679页。
④ 同②。
⑤ 同②。

成部分，但社会总资本只分解为可变资本，或者说，只用来支付工资。他说："例如，一个呢绒厂主把2000镑转化为资本。他把这些货币的一部分用来雇织工，另一部分用来购买毛纱和织毛机等。而把毛纱和织毛机卖给他的人，又把其中的一部分用来支付劳动，依此类推，直到2000镑完全用于支付工资，或者这2000镑所代表的全部产品都由生产工人消费掉。"① 马克思评论说，"我们看到，这个论据的全部力量就在于把我们推来推去的'依此类推'这几个字。事实上，亚当·斯密正是在困难开始的地方中断了他的研究。"②

马克思指出了亚当·斯密产生错误的原因。马克思说："要是我们只考察年总生产基金，每年的再生产过程是容易理解的。但年生产的各个组成部分都必须投入商品市场，而困难就在这里开始。各个资本的运动和个人收入的运动交错混合在一起，消失在普遍的换位中，即消失在社会财富的流通中，这就迷惑了我们的视线，给我们的研究提出了极其复杂的问题需要解决。在本书第2卷第三篇中，我将对实际的联系进行分析。重农学派最大的功劳，就在于他们在自己的《经济表》中，首次试图对通过流通表现出来的年生产的形式画出一幅图画。"③

西尼尔把资本积累的来源归结为节欲，提出了臭名昭著的"节欲论"，对此，马克思在《资本论》第1卷第22章的第3节中专门进行了批判。马克思指出："在前一章里（即第21章简单再生产中），我们把剩余价值或剩余产品只是看作资本家的个人消费基金，在这一章里，我们到现在为止把它只是看作积累基金。但是，剩余价值不仅仅是前者，也不仅仅是后者，而是两者兼而有之。剩余价值一部分由资本家作为收入消费，另一部分用作资本或积累起来。在剩余价值量一定时，这两部分中的一部分越大，另一部分就越小。在其他一切条件不变的情况下，这种分割的比例决定着积累量。但这种分割是由剩余价值的所有者资本家进行的。因此，这是他的意志行为。至于他所

---

① 《马克思恩格斯文集》第5卷，人民出版社2009年版，第681页。

② 同①。

③ 《马克思恩格斯文集》第5卷，人民出版社2009年版，第681-682页。

征收的贡品中由他积累的部分，据说是他节约下来的，因为他没有把它吃光用尽。”① 所以，英国庸俗经济学家的“节欲论”就应运而生。西尼尔声称要“用节欲一词来代替被看作生产工具的资本一词。”② 他认为，早在远古时期，就有人因为节欲而有了积蓄，积蓄用之于生产就成为资本，即资本来自于积蓄，积蓄来自于节欲，资本是节欲的结果，是资本家放弃个人快乐和个人消费所作的牺牲。他认为，财产的所有者对财产有两种使用方法，一是用于个人消费作为消费资料，二是用于生产消费作为生产资料。财产所有者一般愿意放弃前一种使用方法而偏爱后一种使用方法，从而把财产变成了资本，而自己也就成了资本家。他在《政治经济学大纲》中明确指出：“资本是用于财富的生产或分配的一项财富，是人类努力的结果。节欲即表示不把资本用在非生产性用途的行为，又表示一个人宁愿把他的劳动用于生产未来成果而不用于目前成果的行为。这样行动的人就是资本家。”③ 马克思对此批判道：“这真是庸俗经济学家的‘发现’的不可超越的标本！它用阿谀的词句来替换经济学的范畴。如此而已。”④ 西尼尔之辈无法回答这样的问题，即在早期的社会里，劳动资料如何和为何在没有资本家的节欲时也能被创造出来？事实上，只是在资本主义生产方式的产生和发展过程中，劳动过程的一切条件才如数转化为资本家的“节欲”行为。马克思正确地指出，在各种不同的社会形态中，不仅都有简单再生产，而且都有规模扩大的再生产，虽然程度不同。生产和消费都会累进地增加。但是，只要工人的生产资料，从而他的产品和生活资料，还没有以资本的形式同他相对立，这个过程就不会表现为资本积累，因而也不会表现为资本家的职能。

西尼尔认为，把生产工具与劳动力合并在一起作为资本进行增值，而不是把它们吃光，这就是资本家在节制自己的欲望。马克思科学地认为，“在资

---

① 《马克思恩格斯文集》第 5 卷，人民出版社 2009 年版，第 682-683 页。

② 《马克思恩格斯文集》第 5 卷，人民出版社 2009 年版，第 688 页。

③ 西尼尔：《政治经济学大纲》，见《资产阶级庸俗政治经济学选辑》商务印书馆 1953 年版，第 180-181 页。

④ 《马克思恩格斯文集》第 5 卷，人民出版社 2009 年版，第 688-689 页。

本主义生产方式的历史初期，——而每个资本主义的暴发户都个别地经过这个历史阶段，——致富欲和贪欲作为绝对的欲望占统治地位。但资本主义生产的进步不仅创立了一个享乐世界；随着投机和信用事业的发展，它还开辟了千百个突然致富的源泉。在一定的发展阶段上，已经习以为常的挥霍，作为炫耀富有从而取得信贷的手段，甚至成了'不幸的'资本家营业上的一种必要。奢侈被列入资本家的交际费用。此外，资本家财富的增大，不是像货币贮藏者那样同自己的个人劳动和个人消费的节约成比例，而是同他榨取别人的劳动力的程度和强使工人放弃一切生活享受的程度成比例的。因此，虽然资本家的挥霍从来不像放荡的封建主的挥霍那样是直截了当的，相反地，在它的背后总是隐藏着最肮脏的贪欲和最小心的盘算；但是资本家的挥霍仍然和积累一同增加，一方决不会妨害另一方。"①

第二节　马克思资本积累理论的主要内容

一、关于再生产的一般原理

在分析资本主义再生产之前，马克思首先说明了有关再生产的一般原理。

1. 每一个社会生产过程同时就是再生产过程。马克思指出："不管生产过程的社会的形式怎样，生产过程必须是连续不断的，或者说，必须周而复始地经过同样一些阶段。一个社会不能停止消费，同样，它也不能停止生产。因此，每一个社会生产过程，从经常的联系和它的不断更新来看，同时也就是再生产过程。"②

2. 生产的条件也就是再生产的条件。马克思指出："任何一个社会，如果不是不断地把它的一部分产品再转化为生产资料或新生产的要素，就不能

① 《马克思恩格斯文集》第5卷，人民出版社2009年版，第685页。

② 《马克思恩格斯文集》第5卷，人民出版社2009年版，第653页。

不断地生产，即再生产。在其他条件不变的情况下，社会在如一年里所消费的生产资料，即劳动资料、原料和辅助材料，只有在实物形式上为数量相等的新物品所替换，社会才能在原有的规模上再生产或保持自己的财富，这些新物品要从年产品总量中分离出来，重新并入生产过程。一定量的年产品是属于生产的。"①

3. 生产的社会性质决定再生产的社会性质。马克思指出："生产具有资本主义的形式，再生产也就具有同样的形式。在资本主义生产方式下，劳动过程只表现为价值增值过程的一种手段，同样，再生产也只表现为把预付价值作为资本即作为自行增值的价值来再生产的一种手段。"②

二、资本主义简单再生产呈现出的新特征

在资本主义再生产过程中，如果剩余价值只是充当资本家的消费基金供资本家个人消费，它被资本家周而复始地获得，又被资本家周而复始地消费掉，再生产只能在原有规模基础上重复进行，这就是资本主义简单再生产。但是，尽管只是简单再生产，与资本主义生产仅仅作为孤立的过程相比，也赋予了这个再生产过程一些新的特征。

1. 可变资本不是资本家私人基金垫付而是工人自己生产的。从一个孤立的生产过程来看，资本家给工人的工资即资本家手中的可变资本好像是资本家从自己的私人基金中垫付给工人的，只有从生产过程的不断更新来考察资本主义的生产过程，可变资本才会失去从资本家私人基金中预付的价值的性质。马克思指出："生产过程是以购买一定时间的劳动力作为开端的，每当劳动的售卖期限届满，从而一定的生产期间（如一个星期、一个月，等等）已经过去，这种开端就又更新。但是，工人只是在自己的劳动力发挥了作用，把它的价值和剩余价值实现在商品上以后，才得到报酬。因此，工人既生产了我们暂时只看作资本家的消费基金的剩余价值，也生产了付给自己报酬的

① 《马克思恩格斯文集》第5卷，人民出版社2009年版，第653页。

② 同①。

基金即可变资本，而后者是在比它以工资形式流回到工人手里之前生产的，只有当他不断地再生产这种基金的时候，他才会被雇佣。”① 工人今天的劳动或下半年的劳动是用他上星期的劳动或上半年的劳动来支付的。只要我们不是考察单个资本家和单个工人，而是考察资本家阶级和工人阶级，货币形式所造成的错觉就会立即消失。资本家阶级不断地以货币形式发给工人阶级的工资，让他们用来购买由工人阶级生产而为资本家阶级占有的产品中的一部分。工人也不断地把这些货币还给资本家阶级，以便从资本家阶级那里取得他自己生产的产品中属于他自己的那一部分。由此，马克思指出：“可变资本不过是工人为维持和再生产自己所必需的生活资料基金或劳动基金的一种特殊的历史表现形式；这种基金在一切社会生产制度下都始终必须由劳动者本身来生产和再生产。”“劳动基金之所以不断以工人劳动的支付手段的形式流回到工人手里，只是因为工人自己的产品不断以资本的形式离开工人。但是劳动基金的这种表现形式丝毫没有改变这样一个事实：资本家把工人自己的对象化劳动预付给工人。”②

2. 全部资本都是工人再生产出来的。马克思指出：资本家是一个不生产依靠工人阶级来养活的阶级，因此，资本家“预付资本价值除以每年所消费的剩余价值，就可以求出，经过若干年或者说经过若干个再生产期间，原预付资本就会被资本家消费掉，因而消失了。……如果资本家把自己预付资本的等价物消费掉，那么这些资本的价值不过只代表他无偿占有的剩余价值的总额。他的原有资本的任何一个价值原子都不复存在了。”③ 马克思进一步得出结论：“因此，撇开一切积累不说，生产过程的单纯连续或者说简单再生产，经过一个或长或短的时期以后，必然会使任何资本都转化为积累的资本或资本化的剩余价值。即使资本在进入生产过程的时候是资本使用者本人挣得的财产，它迟早也要成为不付等价物而被占有的价值，成为无酬的他人劳

① 《马克思恩格斯文集》第5卷，人民出版社2009年版，第653页。
② 《马克思恩格斯文集》第5卷，人民出版社2009年版，第655页。
③ 《马克思恩格斯文集》第5卷，人民出版社2009年版，第657页。

动在货币形式或其他形式的化身。"①

3. 资本主义简单再生产不断地再生产出劳动力和劳动条件的分离，是资本主义生产关系的再生产。马克思指出："劳动产品和劳动本身的分离，客观劳动条件和主观劳动力的分离，是资本主义生产过程事实上的基础或起点。但是，起初仅仅是起点的东西，后来通过过程的单纯连续，即通过简单再生产，就作为资本主义生产本身的结果而不断重新生产出来，并且永久化了。一方面，生产过程不断地把物质财富转化为资本，转化为资本家的价值增值手段和消费品。另一方面，工人不断地像进入生产过程时那样又走出这个过程：他是财富的人身源泉，但被剥夺了为自己实现这种财富的一切手段。因为在他进入过程以前，他自己的劳动就同他相异化而为资本家所占有，并入资本中了，所以在过程中这种劳动不断对象化在为他人所有的产品中。因为生产过程同时就是资本家消费劳动力的过程，所以工人的产品不仅不断地转化为商品，而且也转化为资本，转化为吮吸创造价值的力的价值，转化为购买人身的生活资料，转化为使用生产者的生产资料。可见，工人本身不断地把客观财富当作资本，当作同他相异己的、统治他和剥削他的权力来生产，而资本家同样不断地把劳动力当作主观的、同它本身对象在其中和借以实现的资料相分离的、抽象的、只存在于工人身体中的财富源泉来生产，一句话，就是把工人当作雇佣工人来生产。工人的这种不断再生产或永久化是资本主义生产的必不可少的条件。"②

工人的个人消费成为资本再生产的条件。工人有两种消费，一是通过自己的劳动消费生产资料，这是生产消费。这一消费过程同时也是购买他的劳动力的资本家对他的劳动力的消费，通过这一消费，把生产资料转化为价值大于预付资本价值的产品，从而为资本家生产剩余价值。二是用自己的工资消费生活资料，这是工人个人的生活消费。这一消费过程从再生产角度来看，是工人阶级的不断维持和再生产，是资本再生产的条件。马克思指出："只要

① 《马克思恩格斯文集》第5卷，人民出版社2009年版，第65-658页。

② 《马克思恩格斯文集》第5卷，人民出版社2009年版，第658-659页。

我们考察的不是单个资本家和单个工人，而是资本家阶级和工人阶级，不是孤立的商品生产过程，而是在社会范围内不断进行的资本主义生产过程，那情况就不同了。当资本家把自己一部分资本转变为劳动力时，他就由此增值了自己的总资本。他一举两得。他不仅从他由工人那里取得的东西中，而且从他给工人的东西中获得利益。用来交换劳动力的资本转化为生活资料，这种生活资料的消费是为了再生产现有工人的肌肉、神经、骨骼、脑髓和生出新的工人。因此，工人阶级的个人消费，在绝对必需的限度内，只是把资本用来交换劳动力的生活资料再转化为可供资本重新剥削的劳动力。这种消费是资本家最不可少的生产资料即工人本身的生产和再生产。可见，工人的个人消费，不论在工场、工厂等以内或以外，在劳动过程以内或以外进行，总是资本生产和再生产的一个要素，正像擦洗机器，不论在劳动过程中或劳动过程的一定间歇进行，总是生产和再生产的一个要素一样。虽然工人实现自己的个人消费是为自己而不是为资本家，但事情并不因此有任何变化。役畜的消费并不因为役畜自己享受食物而不成为生产过程的一个必要的要素。工人阶级的不断维持和再生产始终是资本再生产的条件。资本家可以放心地让工人维持自己和繁殖后代的本能去实现这个条件。他所操心的只是把工人的个人消费尽量限制在必要的范围之内。”①

工人阶级是资本的附属物。由此可见，工人的个人消费，不过是资本再生产的一个要素。工人阶级即使是在直接劳动过程之外，也同劳动工具一样是资本的附属物。工人的个人消费一方面保证他们维持自己和再生产自己，另一方面通过生活资料的消费来保证他们不断重新出现在劳动市场上。“罗马的奴隶是由锁链，雇佣工人则由看不见的线系在自己的所有者手里。他的独立性这种假象是由雇主的经常更换以及契约的法律拟制来保持的。”②

由此，马克思得出结论：“可见，资本主义生产过程，在联系中加以考察，或作为再生产过程加以考察时，不仅生产商品，不仅生产剩余价值，而

① 《马克思恩格斯文集》第5卷，人民出版社2009年版，第660页。

② 《马克思恩格斯文集》第5卷，人民出版社2009年版，第662页。

且还生产和再生产资本关系本身：一方面是资本家，另一方面是雇佣工人。”①

三、剩余价值转化为资本

资本主义扩大再生产和资本积累。上面从简单再生产的角度研究资本主义再生产，而现实的资本主义再生产过程往往是扩大再生产。在这里，我们从积累和扩大再生产的角度进一步研究剩余价值向资本的转化、资本积累和扩大再生产的性质、条件和规律。

马克思首先指明了资本积累的概念。他指出：“我们以前考察了剩余价值怎样从资本产生，现在我们考察资本怎样从剩余价值产生，把剩余价值当作资本使用，或者说，把剩余价值再转化为资本，叫作资本积累。”②

其次，马克思分析了剩余价值向资本转化的过程。马克思指出：“资本价值最初是以货币形式预付的；相反，剩余价值一开始就作为总产品的一定部分的价值而存在。如果总产品卖出去，转化为货币，那么资本价值就又取得了自己最初的形式，而剩余价值则改变了自己最初的存在方式。但是从这时候起，资本价值和剩余价值两者都成了货币额，并且以完全相同的方式重新转化为资本。资本家把这两者都用来购买商品，以便能够重新开始制造自己的产品，而这次是在扩大规模上进行的。”③

再次，马克思分析了剩余价值向资本转化的条件。资本家要买到扩大再生产所需要的商品，即资本主义扩大再生产所需要的物质条件和主观条件，才能实现扩大再生产。而剩余价值转化为资本的物质条件即“要积累，就必须把一部分剩余产品转化为资本。但是，如果不是出现了奇迹，能够转化为资本的，只是在劳动过程中可使用的物品，即生产资料，以及工人用以维持自身的物品，即生活资料。所以，一部分年剩余劳动必须用来制造追加的生

① 《马克思恩格斯文集》第5卷，人民出版社2009年版，第666-667页。

② 《马克思恩格斯文集》第5卷，人民出版社2009年版，第668页。

③ 《马克思恩格斯文集》第5卷，人民出版社2009年版，第669页。

产资料和生活资料，它们要超过补偿预付资本所需的数量。”① 而剩余价值转化为资本的主观条件即追加劳动，“如果外延方面或内涵方面都不能增加对已经就业的工人的剥削，那就必须雇佣追加的劳动力。而资本主义生产的机制也已经考虑到了这一点，因为它把工人阶级当作依靠工资过活的阶级再生产出来，让他们的通常的工资不仅够用来维持自己，而且还够用来进行繁殖。资本只要把工人阶级每年向它提供的各种年龄的追加劳动力同已经包含在年产品中的追加生产资料合并起来，剩余价值向资本的转化就完成了。”②

最后，马克思概括了资本积累的实质并分析了影响资本积累量的几种情况。向资本转化的剩余价值即追加资本的来源是一清二楚的，作为剩余价值，它一开始就没有一个价值原子不是由别人的无酬劳动产生的。工人阶级总是用他们这一年的剩余劳动创造了下一年雇佣追加劳动的资本。马克思指出：“现在，对过去无酬劳动的所有权，成为现今以日益扩大的规模占有活的无酬劳动的唯一条件。资本家积累得越多，就越能更多地积累。”③ 这就是资本积累的实质。

既然积累是剩余价值的资本化，那么，积累的资本量显然取决于剩余价值的绝对量，因而决定剩余价值量的一切情况也影响着积累的量。这些情况包括：

（1）劳动力的剥削程度。无论是把工资压低到劳动力价值以下，还是通过提高劳动强度而实现剥削程度的加强，都会增加积累量。

（2）社会劳动生产力水平。社会劳动生产力的提高首先表现在剩余产品量的增加和追加资本相对量的增加。社会劳动生产力提高，劳动力价值就会降低，同一可变资本价值可以推动更多的劳动力，从而可以推动更多的劳动同一不变资本价值可以体现在更多的生产资料上，从而提供更多的吸收劳动的要素。因此社会劳动生产力提高，积累就可以加快。其次表现为科学技术进步对于不变资本的作用上。马克思指出：“科学和技术使执行职能的资本具

① 《马克思恩格斯文集》第5卷，人民出版社2009年版，第670页。
② 《马克思恩格斯文集》第5卷，人民出版社2009年版，第670-671页。
③ 《马克思恩格斯文集》第5卷，人民出版社2009年版，第673页。

有一种不以它的一定量为转移的扩张能力。”① 这种扩张能力使资本能够推动比原先的数量大得多的劳动，从而促进资本的积累。最后表现为同量劳动会把更多的生产资料的价值转移到产品上去从而增加积累量。社会劳动生产力的提高使得一定量的劳动所推动的生产资料的价值和数量同比例地增加，转移到产品上的原有资本的旧价值也就增加，这些旧价值以新的有用形式保存在产品中，又可以重新执行资本的职能，劳动在不断更新的形式中把不断膨胀的资本的价值保存下来并使之永久化。在这里，正像劳动的社会生产力表现为资本的属性，资本家对剩余劳动的不断占有表现为资本的不断自行增值，劳动的一切力量都显现为资本的力量，从而使资本积累加快。

（3）所用资本和所费资本之间差额的扩大。马克思指出：“随着资本的增长，所使用的资本和所消费的资本之间的差额也在增大。……劳动资料越是作为产品形成要素发生作用而不把价值加到产品中去，也就是说，它们越是整个地被使用而只是部分地消费，那么，它们就越是像我们在上面说过的自然力如水、蒸汽、空气、电力等等那样，提供无偿的服务。被活劳动抓住并赋予生命的过去劳动的这种无偿服务，会随着积累规模的扩大而积累起来。”② 这种无偿服务越多，就越能推动更多的活劳动和剩余劳动，因而更能推动资本积累。

（4）预付资本的量。“在劳动力的剥削程度已定的情况下，剩余价值量就取决于同时被剥削的工人人数，而工人人数和资本的量是相适应的，虽然它们的比例是变动着的。所以，资本由于连续的积累而增加得越多，分为消费基金和积累基金的价值额也就增加得越多。因此，资本家既能过更优裕的生活，又能更加‘禁欲’。最后，生产的规模越是随着预付资本量一同扩大，生产的全部发条也就运作得越是有力。”③

---

① 《马克思恩格斯文集》第5卷，人民出版社2009年版，第699页。

② 《马克思恩格斯文集》第5卷，人民出版社2009年版，第701-702页。

③ 《马克思恩格斯文集》第5卷，人民出版社2009年版，第702-703页。

四、商品生产所有权规律转化为资本主义占有规律

所谓商品生产所有权规律，是指商品交换的双方当事人必须承认对方是不同的所有者，每一方都只有让渡自己的商品才能取得对方的商品，只有通过双方一致的意志行为才能实现这种交换，而且必须是等价交换，谁也不能无偿占有对方的产品。在资本积累过程中，资本家把剩余价值的一部分当作追加的可变资本用来购买追加的劳动力，资本家和工人双方都是平等的按照劳动力商品价值进行等价交换，一方让渡货币，另一方让渡劳动力；一方愿买，一方愿卖，双方的行为都始终符合商品交换的规律。

以商品生产和商品流通为基础的占有规律或私有权规律，通过它本身内在的、不可避免的辩证法转变为自己的直接对立物，即资本主义无偿占有规律。资本家对劳动力的购买，只是在形式上符合商品生产所有权规律，而实质上是对工人剩余劳动的无偿占有。因为：第一，用来购买劳动力的那部分资本本身是由剩余价值转化而来的，它是对别人剩余劳动的无偿占有；第二，购买劳动力那部分资本价值，不仅要由工人通过劳动来补偿，而且还要重新带来剩余价值。正如马克思所说：“这样一来，资本家和工人之间的交换关系，仅仅成为属于流通过程的一种表面现象，成为一种与内容本身无关的并只是使它神秘化的形式。劳动力的不断买卖是形式。其内容则是，资本家用他总是不付等价物而占有的他人的已经对象化的劳动的一部分，来不断再换取更大量的他人的活劳动。最初，在我们看来，所有权似乎是以自己的劳动为基础的。至少我们应当承认这样的假定，因为互相对立的仅仅是权利平等的商品占有者，占有他人商品的手段只能是让渡自己的商品，而自己的商品又只能是由劳动创造的。现在，所有权对于资本家来说，表现为占有他人无酬劳动或它的产品的权利，而对于工人来说，则表现为不能占有自己的产品。所有权和劳动的分离，成了似乎是一个以它们的同一性为出发点的规律的必

然结果。”①

这种转变并不违反商品生产所有权规律，而是这些规律的运用。马克思指出：“因此，不论资本主义占有方式好像同最初的商品生产规律如何矛盾，但这种占有方式的产生决不是由于这些规律遭到违反，相反地，是由于这些规律得到应用。只要略微回顾一下以资本主义积累为终点的各个依次发生的运动阶段，就可以再次弄清楚这一点。”② 第一，货币到资本的最初转化并不违反商品交换和商品生产的规律。契约的一方出卖劳动力，另一方购买劳动力。前者取得自己商品的价值，从而把这种商品的使用价值即劳动让渡给后者。后者借助现在已归他支配的劳动，把已经归他所有的生产资料转化为一种新产品，这个产品在法律上也归他所有。这一切完完全全符合商品生产的经济规律。但是，这种转化产生了如下的结果：产品属于资本家而不属于工人；产品价值既含原预付资本的价值，也包含剩余价值，后者要工人耗费劳动但不需要资本家耗费任何东西，但却成为资本家的合法财产；工人保持了自己的劳动力，只要找到买者就可以重新出卖。第二，资本的简单再生产也不违反商品生产和商品交换的规律。简单再生产仅仅是这种最初活动的周期反复。货币总是一次又一次地重新转化为资本。因此，规律并没有遭到违反，相反地，只是得到不断发生作用的机会。第三，资本的扩大再生产也不违反商品生产和商品交换的规律。如果简单再生产转化为规模扩大的再生产，为积累所代替，事情也还是一样。现在执行职能的资本，不管它经过的周期的再生产和先行积累的系列多么长，总是保持着它本来的性质。尽管每一个单纯考察的交换行为仍遵循交换规律，但占有方式却会发生根本的变革，而这丝毫不触犯商品生产所有权。

商品生产所有权转变为资本主义占有规律的根本原因。商品生产所有权规律转变为资本主义占有规律的根本原因在于资本主义的雇佣劳动制度。马克思指出：“一旦劳动力由工人自己作为商品自由出卖，这种结果就是不可避免的。但只有从这时起，商品生产才普遍化，才成为典型的生产形式；只有

① 《马克思恩格斯文集》第 5 卷，人民出版社 2009 年版，第 673-674 页。

② 《马克思恩格斯文集》第 5 卷，人民出版社 2009 年版，第 674 页。

从这时起，每一个产品才一开始就是为卖而生产，而生产出来的一切财富都要经过流通。只有当雇佣劳动成为商品生产的基础时，商品生产才强加于整个社会；但也只有这时，它才能发挥自己的全部潜力。说雇佣劳动的介入使商品生产变得不纯，那就等于说，商品生产要保持纯粹性，它就不该发展。商品生产按自己本身内在的规律越是发展为资本主义生产，商品生产的所有权规律也就越是转变为资本主义的占有规律。”①

五、资本主义积累的一般规律

在这里，我们研究的是资本增长对工人阶级的命运产生的影响，而在这种影响中，最重要的因素是资本的构成和它在积累过程进行中所起的变化。

1. 资本有机构成。马克思指出，资本的构成要从双重的意义上来理解。从价值方面看，资本的构成是由资本分为不变资本和可变资本的比例，或者说是由资本分为生产资料的价值和劳动力的价值即工资总额的比例决定的。从在生产过程中发挥作用的物质方面看，则是由所使用的生产资料量和为使用这些生产资料而必需的劳动量之间的比例决定的。马克思把前一种比例叫作资本的价值构成，把后一种比例叫作资本的技术构成。两者的关系是：技术构成决定价值构成。马克思把这种由技术构成决定并反映资本技术构成变化的资本价值构成叫作资本的有机构成。

2. 资本有机构成不变条件下，对劳动力的需求随着积累的增长而增长，但这丝毫不会改变资本主义生产的基本性质。这是资本主义积累规律的第一个表现。资本的增长包含它的可变部分，即转化为劳动力的部分的增长。如果其他条件不变，那么，对劳动的需求和工人的生存基金，就会按照资本增长的比例而增长，资本增长得越快，它们也增长得越快。由于资本每年都要积累，并且积累的规模还会随着已经执行职能的资本规模的扩大而扩大。所以，资本积累的需要，能够超过劳动力或工人人数的增加，对工人的需求，

① 《马克思恩格斯文集》第5卷，人民出版社2009年版，第677-678页。

能够超过工人的供给，这样一来，工资就会提高。马克思指出，这种多少有利于雇佣工人的维持和繁殖的情况，丝毫不会改变资本主义的基本性质。因为，从资本和雇佣劳动的关系上看，这种情况只不过意味着再生产出了规模更大的资本剥削雇佣劳动的关系：一极是更多或更大的资本家，另一极是更多的雇佣工人。资本积累的过程就是无产阶级人数增多的过程。从工人自身来看，工人对资本的从属关系不过是采取了可以忍受的形式。但是，工人收入提高一些，吃得好一些，待遇多一些，不会消除奴隶的从属关系和对他们的剥削。马克思指出："由于资本积累而提高的劳动价格，实际上不过表明，雇佣工人为自己铸造的金锁链已经够长够重，容许把它略微放松一点。"① 当然，工资的提高永远也不会达到威胁资本主义制度本身的程度。

3. 资本有机构成不变情况下的资本主义生产规律。马克思指出："作为所谓'自然人口规律'的基础的资本主义生产规律，可以简单地归结如下：资本、积累同工资率之间的关系，不外是转化为资本的无偿劳动和为推动追加资本所必需的追加劳动之间的关系。因此，这决不是两个彼此独立的量，即资本量和工人人口数量之间的关系；相反地，归根到底这只是同一工人人口所提供的无偿劳动和有酬劳动之间的关系。如果工人阶级提供的并由资本家阶级所积累的无酬劳动量增长得十分迅速，以致只有大大追加有酬劳动才能转化为资本，那么，工资就会提高，而在其他一切情况不变时，无酬劳动就会相应地减少。但是，一旦这种减少达到这样一点，即滋养资本的剩余劳动不再有正常数量的供应时，反作用就会发生：收入中资本化的部分减少，积累削弱，工资的上升运动受到反击。可见，劳动价格的提高被限制在这样的界限内，这个界限不仅使资本主义制度的基础不受侵犯，而且还保证资本主义制度的规模扩大的再生产。可见，被神秘化为一种自然规律的资本主义积累规律，实际上不过表示：资本主义积累的本性，决不允许劳动剥削程度的任何降低或劳动价格的任何提高有可能严重地危及资本关系的不断再生产和它的规模不断扩大的再生产。在一种不是物质财富为工人的发展需要而存

① 《马克思恩格斯文集》第5卷，人民出版社2009年版，第714页。

在，相反是工人为现有价值的增值需要而存在的生产方式下，事情也不可能是别的样子。”①

4. 资本有机构成提高情况下资本积累使可变资本相对减少进而对工人阶级的需要相对减少，这是资本主义积累规律的第二个表现。马克思指出：“一旦资本主义制度的一般基础奠定下来，在积累过程中就一定会出现一个时刻，那时社会劳动生产率的发展成为积累的最强有力的杠杆。”②

劳动生产率的提高表现为资本技术构成的提高。马克思指出：“工人用来进行劳动的生产资料的量，随着工人的劳动生产率的增长而增长。在这里，这些生产资料起着双重作用。一些生产资料的增长是劳动生产率增长的结果，另一些生产资料的增长是劳动生产率增长的条件。……但是，不管是条件还是结果，只要生产资料的量比并入生产资料的劳动力相对增长，这就表示劳动生产率的增长。因而，劳动生产率的增长，表现为劳动的量比它所推动的生产资料的量相对减少，或者说，表现为劳动过程的主观因素的量比它的客观因素的量相对减少。”③

资本技术构成提高反映在资本价值构成上，必然使资本价值构成的提高，即资本价值的不变组成部分靠减少它的可变组成部分而增加。当然，资本可变部分比不变部分的相对减少，或资本价值构成的变化，只是近似地表示出资本的物质组成部分构成上的变化。……随着劳动生产率的增长，不仅劳动所耗费的生产资料的量增大了，而且生产资料的价值比生产资料的量也相对地减少了。这样一来，生产资料的价值绝对地增长了，但不是同它的量按比例增长。而且，可变资本价值的相对减少并不排斥它的绝对量的增加。

资本主义大规模生产方式与资本积累相互推动导致可变资本相对减少。单个商品生产者手中一定程度的资本积累，是资本主义生产方式的前提。但是，一切在这个基础上生长起来的提高社会劳动生产力的方法，同时也就是加速资本积累的方法。而加速资本积累又成为不断扩大生产规模的基础，成

① 《马克思恩格斯文集》第5卷，人民出版社2009年版，第716-717页。
② 《马克思恩格斯文集》第5卷，人民出版社2009年版，第717页。
③ 《马克思恩格斯文集》第5卷，人民出版社2009年版，第718页。

为随之出现的提高劳动生产力和加速剩余价值生产的方法的基础。可见，一定程度的资本积累表现为资本主义生产方式的条件，而资本主义生产方式又反过来引起资本的加速积累。因此，资本主义生产方式随着资本积累而发展，资本积累又随着资本主义生产方式而发展。马克思指出："这两种经济因素由于这种互相推动的复合关系，引起资本技术构成的变化，从而使资本的可变组成部分同不变组成部分相比越来越小。"①

资本积聚和资本集中加快了可变资本的减少。直接以积累为基础的或不如说和积累等同的积聚有两个方面的特征：第一，在其他条件不变的情况下，社会生产资料在单个资本家手中积聚的进程受社会财富增长程度的限制；第二，积累一方面表现为生产资料和对劳动的支配不断增长的积聚，另一方面又表现为许多单个资本的互相排斥。而资本集中，"它是已经形成的各资本的积聚，是它们的个体独立性的消灭，是资本家剥夺资本家，是许多小资本转化为少数大资本。"② 资本集中不同于资本积聚就在于，"它仅仅以已经存在的并且执行职能的资本在分配上的变化为前提，因而，它的作用范围不受社会财富的绝对增长或积累的绝对界限的限制。资本所以能在这里，在一个人手中膨胀成很大的量，是因为它在那里，在许多人手中丧失了，这是不同于积累和积聚的本来意义的集中。"③

资本集中的杠杆——信用事业的作用。马克思在这里非常形象地描述了资本集中过程的情景。"资本的这种集中或资本吸引资本的规律，不可能在这里加以阐述。简单地提一些事实就够了。竞争斗争是通过使商品便宜来进行的。在其他条件不变时，商品的便宜取决于劳动生产率，而劳动生产率又取决于生产规模。因此，较大的资本战胜较小的资本。其次，我们记得，随着资本主义生产方式的发展，在正常条件下经营某种行业所需要的单个资本的最低限量提高了。因此，较小的资本挤到那些大工业还只是零散地或不完全地占领的生产领域中去。在那里，竞争的激烈程度同互相竞争的资本的多少

---

① 《马克思恩格斯文集》第 5 卷，人民出版社 2009 年版，第 721 页。

② 《马克思恩格斯文集》第 5 卷，人民出版社 2009 年版，第 721-722 页。

③ 《马克思恩格斯文集》第 5 卷，人民出版社 2009 年版，第 722 页。

成正比，同互相竞争的资本的大小成反比。竞争的结果总是许多较小的资本家垮台，他们的资本一部分转入胜利者手中，另一部分归于消灭。除此而外，一种崭新的力量——信用事业，随同资本主义的生产而形成起来。起初，它作为积累的小小的助手不声不响地挤了进来，通过一根根无形的线把那些分散在社会表面上的大大小小的货币资金吸引到单个的或联合的资本家手中；但是很快它就成了竞争斗争中的一个新的可怕的武器；最后，它转化为一个实现资本集中的庞大的社会机构。”①

资本集中的发展及其极限。“随着资本主义生产和积累的发展，竞争和信用——集中的两个最有力的杠杆，也以同样的程度发展起来。同时，积累的增进又使可以集中的材料即单个资本增加，而资本主义生产的扩大，又替那些要有资本的预先集中才能建立起来的强大工业企业，一方面创造了社会需要，另一方面创造了技术手段。因此，现在单个资本的互相吸引力和集中的趋势比以往任何时候都更加强烈。虽然集中运动的相对广度和强度在一定程度上由资本主义财富已经达到的数量和经济机构的优越程度来决定，但是集中的进展决不取决于社会资本的实际增长量。……集中可以通过单纯改变既有资本的分配，通过单纯改变社会资本各组成部分的量的组合来实现。资本所以能在这里，在一个人手中增长成巨大的量，是因为它在那里，在许多单个人的手中被夺走了。在一个生产部门中，如果投入的全部资本已融合为一个单个资本时，集中便达到了极限。在一个社会里，只有当社会总资本或者合并在唯一的资本家手中，或者合并在唯一的资本家公司手中的时候，集中才算达到极限。”②

资本集中的作用。第一，“集中补充了积累的作用，使工业资本家能够扩大自己的经营规模。不论经营规模的扩大是积累的结果，还是集中的结果；不论集中是通过吞并这条强制的途径来实现，在这种场合，某些资本成为对其他资本的占压倒优势的引力中心，打破其他资本的个体内聚力，然后把各个零散的碎片吸引到自己方面来，还是通过建立股份公司这一比较平滑的办

① 《马克思恩格斯文集》第5卷，人民出版社2009年版，第722页。

② 《马克思恩格斯文集》第5卷，人民出版社2009年版，第722-723页。

法把许多已经形成或正在形成的资本融合起来，经济作用总是一样的。工业企业规模的扩大，对于更广泛地组织许多人的总体劳动，对于更广泛地发展这种劳动的物质动力，也就是说，对于使分散的、按习惯进行的生产过程不断地变成社会结合的、用科学处理的生产过程来说，到处都成为起点。"① 第二，集中加速了资本有机构成的提高。马克思指出："不过很明显，积累，即由圆形运动变为螺旋形运动的再生产所引起的资本的逐渐增大，同仅仅要求改变社会资本各组成部分的量的组合的集中比较起来，是一个极缓慢的过程。假如必须等待积累使某些单个资本增长到能够修建铁路的程度，那么恐怕直到今天世界上还没有铁路。但是，集中通过股份公司转瞬之间就把这件事完成了。集中在这样加强和加速积累作用的同时，又扩大和加速资本技术构成的变革，即减少资本的可变部分来增加它的不变部分，从而减少对劳动的相对需求。"②

"通过集中而在一夜之间集合起来的资本量，同其他资本量一样，不断再生产和增大，只是速度更快，从而成为社会积累的新的强有力的杠杆。因此，当人们谈到社会积累的增进时，今天已经默默地把集中的作用包括在内。"③

总之，在资本有机构成提高情况下的资本积累必然会产生对可变资本进而对工人需要量的减少。马克思指出："可见，一方面，在积累进程中形成的追加资本，同它自己的量比较起来，会越来越少地吸引工人。另一方面，周期地按新的构成再生产出来的旧资本，会越来越多地排斥它以前所雇佣的工人。"④

5. 相对过剩人口或产业后备军的累进生产，是资本主义积累规律的第三个表现。

相对过剩人口是资本主义积累的必然产物。对劳动的需求会随着资本有机构成的提高而减少。马克思指出："资本积累最初只是表现为资本的量的扩

① 《马克思恩格斯文集》第 5 卷，人民出版社 2009 年版，第 723-724 页。

② 《马克思恩格斯文集》第 5 卷，人民出版社 2009 年版，第 724 页。

③ 同②。

④ 同②。

大，但是以上我们看到，它是通过资本有机构成不断发生质的变化，通过减少资本的可变组成部分来不断增加资本的不变组成部分而实现的。……因为对劳动的需求，不是由总资本的大小决定的，而是由总资本可变组成部分的大小决定的，所以它随着总资本的增长而递减，……并且随着总资本量的增长以递增的速度减少。……这种不断增长的积累和集中本身，又成为使资本的构成发生新的变化的一个源泉，也就是成为使资本的可变组成部分和不变组成部分相比再次迅速减少的一个源泉。总资本的可变组成部分的相对减少随着总资本的增长而加快，而且比总资本本身的增长还要快这一事实，在另一方面却相反地表现为，好像工人人口的绝对增长总是比可变资本即工人人口的就业手段增长得快。事实是，资本主义积累不断地并且同它的能力和规模成比例地生产出相对的，即超过资本增值的平均需要的，因而是过剩的或追加的工人人口。”①

相对过剩人口的产生是资本主义生产方式特有的人口规律。马克思指出："就社会总资本来考察，时而它的积累运动引起周期性的变化，时而这个运动的各个因素同时分布在各个不同的生产部门。……在一切部门中，资本可变部分的增长，从而就业工人人数的增长，总是同过剩人口的激烈波动，同过剩人口的暂时产生结合在一起，而不管这种产生采取排斥就业工人这个较明显的形式，还是采取使追加的工人人口难于被吸入它的通常水道这个不大明显但作用相同的形式。随着已经执行职能的社会资本量的增长及其增长程度的提高，随着生产规模和所使用的工人人数的扩大，随着他们劳动的生产力的发展，随着财富的一切源流更加广阔和更加充足，资本对工人的更大的吸引力和更大的排斥力互相结合的规模也不断扩大，资本有机构成和资本技术形式的变化速度也不断加快，那些时而同时、时而交替地被卷入这些变化的生产部门的范围也不断增大。因此，工人人口本身在生产出资本积累的同时，也以日益扩大的规模生产出使他们自身成为相对过剩人口的手段。这就是资本主义生产方式所特有的人口规律，事实上，每一种特殊的、历史的生产方

① 《马克思恩格斯文集》第5卷，人民出版社2009年版，第725-726页。

式都有其特殊的、历史地发生作用的人口规律。抽象的人口规律只存在于历史上还没有受过人干涉的动植物界。”①

相对过剩人口是资本主义积累的杠杆和资本主义生产方式存在的一个条件。“过剩的工人人口是积累或资本主义基础上的财富发展的必然产物，但是这种过剩人口反过来又成为资本主义积累的杠杆，甚至成为资本主义生产方式存在的一个条件。过剩的工人人口形成一支可供支配的产业后备军，它绝对地从属于资本，就好像它是由资本出钱养大的一样。过剩的工人人口不受人口实际增长的限制，为不断变化的资本增值需要创造出随时可供剥削的人身材料。随着积累和伴随积累而来的劳动生产力的发展，资本的突然膨胀力也增长了，这不仅是因为执行职能的资本的弹性和绝对财富——资本不过是其中一个有弹性的部分——增长了，也不仅是因为信用每当遇到特殊刺激会在转眼之间把这种财富的非常大的部分作为追加资本交给生产支配。这还因为生产过程本身的技术条件、机器、运输工具，等等，有可能以最大的规模最迅速地把剩余产品转化为追加的生产资料。随着积累的增进而膨胀起来的并且可以转化为追加资本的大量社会财富，疯狂地涌入那些市场突然扩大的旧生产部门，或涌入那些由旧生产部门的发展而引起需要的新兴生产部门，如铁路等等。在所有这些场合，都必须有大批的人可以突然地被投到决定性的地方去，而又不致影响其他部门的生产规模。这些人就由过剩人口来提供。现代工业特有的生活过程，由中常活跃、生产高度繁忙、危机和停滞这几个时期构成的、穿插着较小波动的十年一次的周期形式，就是建立在产业后备军或过剩人口的不断形成、或多或少地被吸收、然后再形成这样的基础之上的。而工业周期的阶段变换又使过剩人口得到新的补充，并且成为过剩人口再生产的最有力的因素之一。”②

相对过剩人口以比可变资本的相对减少更快的速度增长。马克思指出：“以上我们假定，就业工人人数的增减正好同可变资本的增减相一致。然而，可变资本在它所指挥的工人人数不变甚至减少的情况下也会增长。如果单个

---

① 《马克思恩格斯文集》第 5 卷，人民出版社 2009 年版，第 726-728 页。

② 《马克思恩格斯文集》第 5 卷，人民出版社 2009 年版，第 728-729 页。

工人提供更多的劳动，因而他的工资增加，——即使劳动价格不变，或者甚至下降，但只要下降得比劳动量的增加慢，——情况就是如此。在这种场合，可变资本的增长是劳动增加的指数，而不是就业工人增加的指数。每一个资本家的绝对利益在于，从较少的工人身上而不是用同样低廉或者更为低廉的花费从较多的工人身上榨取一定量的劳动。……生产规模越大，这种动机就越具有决定意义。”① 这就是相对过剩人口比可变资本的减少增长更快的原因。

这种情况产生的方式有两种：一是通过外延方面或内涵的方面加强对单个工人的剥削，在支出同样多的可变资本的情况下推动更多的劳动；二是用不大熟练的工人排挤较熟练的工人，用未成熟的劳动力排挤成熟的劳动力，用女劳动力排挤男劳动力，用少年或儿童劳动力排挤成年劳动力，这样，他就用同样多的资本价值买到更多的劳动力。所以，在积累的进程中，首先，较大的可变资本无须招收更多的工人就可以推动更多的劳动；其次，同样数量的可变资本用同样数量的劳动力就可以推动更多的劳动；最后，通过排挤较高级的劳动力可以推动更多较低级的劳动力。因此，相对过剩人口的生产或工人的游离，比生产过程随着积累的增进而加速的技术变革，比与此相适应的资本可变部分比不变部分的相对减少，更为迅速。

相对过剩人口的增加比可变资本的减少更快这一点，还会由于就业工人和产业后备军之间的竞争而加剧。“劳动生产力越是增长，资本造成的劳动供给比资本对工人的需求越是增加得快。工人阶级中就业部分的过度劳动，扩大了它的后备军的队伍，而后者通过竞争加在就业工人身上的增大的压力，又反过来迫使就业工人不得不从事过度劳动和听从资本的摆布。工人阶级的一部分从事过度劳动迫使它的另一部分无事可做，反过来，它的一部分无事可做迫使它的另一部分从事过度劳动，这民了各个资本家致富的手段，同时又按照与社会积累的增进相适应的规模加速了产业后备军的生产。”②

相对过剩人口的各种存在形式。“相对过剩人口是形形色色的。每个工人

① 《马克思恩格斯文集》第5卷，人民出版社2009年版，第732-733页。
② 《马克思恩格斯文集》第5卷，人民出版社2009年版，第733-734页。

在半失业功全失业的时期，都属于相对过剩人口。工业周期阶段的更替使相对过剩人口具有显著的、周期反复的形式，因此，相对过剩人口时而在危机时期急剧地表现出来，时而在营业呆滞时期缓慢地表现出来。如果撇开这些形式不说，那么，过剩人口经常具有三种形式：流动的形式、潜在的形式和停滞的形式。”①

流动的过剩人口，是指在现代的工业中心时而被排斥、时而被吸引，处于流动状态的那部分工人人口。

潜在的过剩人口，是指由于资本主义生产对农业的占领，一部分被游离出来的农村人口。马克思指出：“资本主义生产一旦占领农业，或者依照它占领农业的程度，对农业工人人口的需求就随着在农业中执行职能的资本的积累而绝对地减少，而且对人口的这种排斥不像在非农的产业中那样，会由于更大规模的吸引而得到补偿。因此，一部分农村人口经常准备着转入城市无产阶级或制造业无产阶级的队伍，经常等待着有利于这种转化的条件（这里所说的制造业是指一切非农业的产业）。因此，相对过剩人口的这一源泉是长流不息的。但是，它不断地流向城市是以农村本身有经常潜在的过剩人口为前提的，这种过剩人口的数量只有在排水渠开放得特别大的时候才能看得到。因此，农业工人的工资被压到最低限度，他总是有一只脚陷在需要救济的赤贫的泥潭里。”②

停滞的过剩人口，是现役劳动军的一部分，但就业极不规则。因此，它为资本提供了一个贮存着可供支配的劳动力的取之不竭的蓄水池。这种劳动力的生活状况降到了工人阶级的平均正常水平以下，正是这种情况使它成为资本的特殊剥削部门的广泛基础。它的特点是劳动时间最长而工资最低。它在工人阶级的增长总额中所占的比重大于其他要素。实际上，不仅出生和死亡的数量，而且家庭人口的绝对量都同工资的水平，即各类工人所支配的生活资料量成反比。在这里，马克思实际上讲到了资本主义产生的一个荒谬的规律，即贫困人口与生活资料成反比，即贫穷产生人口。

---

① 《马克思恩格斯文集》第 5 卷，人民出版社 2009 年版，第 738 页。

② 《马克思恩格斯文集》第 5 卷，人民出版社 2009 年版，第 739-740 页。

除上述经常存在的三种过剩人口之外，在存在着处于相对过剩人口的最底层的陷于需要救济的赤贫境地的人口。马克思指出，撇开流浪者、罪犯和妓女，一句话，撇开真正的流氓无产阶级不说，这个社会阶层由三类人组成。第一类是有劳动能力的人。他们的人数每当危机发生时就增大，每当营业复苏时就减少。第二类是孤儿和需要救济的贫民的子女。他们是产业后备军的候补者。第三类是衰败的、流落街头的、没有劳动能力的人。属于这一类的，主要是由于因分工而推动灵活性以致被淘汰的人，还有超过工人正常年龄的人，最后还有随着危险性的机器、采矿业、化学工厂等的发展而人数日益增多的工业牺牲者，如残疾人、病人、寡妇，等等。需要救济的赤贫形成现役劳动军的残疾院和产业后备军的死荷重。它的生产包含在相对过剩人口的生产中，它的必然性包含在相对过剩人口的必然性中，它和相对过剩人口一起，形成财富的资本主义生产和发展的一个存在条件。它是资本主义生产的一项非生产费用，但是，资本知道怎样把这项费用的大部分从自己的肩上转嫁到工人阶级和中等阶层下层的肩上。

6. 资本主义积累的一般规律。在经过以上分析之后，马克思科学而明确地概括了资本主义积累的一般规律。马克思指出："社会的财富即执行职能的资本越大，它增长的规模和能力越大，从而无产阶级的绝对数量和他们的劳动生产力越大，产业后备军也就越大。可供支配的劳动力同资本的膨胀力一样，是由同一些原因发展起来的。因此，产业后备军的相对量和财富的力量一同增长。但是同现役劳动军相比，这种后备军越大，常备的过剩人口也就越多，他们的贫困同他们所受的劳动折磨成反比。最后，工人阶级中贫苦阶层和产业后备军越大，官方认为需要救济的贫民也就越多。这就是资本主义积累的绝对的、一般的规律。"①

这一规律的表述主要讲了三层意思：一是讲执行职能的资本越是增大，产业后备军也就越大，因为资本扩张和相对人口过剩都是积累引起的；二是讲产业后备军越大，常备的过剩人口也就越多；三是讲工人阶级的贫困与他

---

① 《马克思恩格斯文集》第5卷，人民出版社2009年版，第742页。

们所受的劳动折磨成反比。

这一规律揭示了资本积累的对抗性质。社会劳动生产力的提高，必然使推动同样数量的生产资料所需要的劳动力数量减少，这是一个普遍规律。但是，这个规律在不是工人使用劳动资料，而是劳动资料使用工人的资本主义的基础上表现为：劳动生产力越高，工人对他们就业手段的压力就越大，因而他们的生存条件，即为增加他人财富成为资本自行增值而出卖自己的力气，也就越没有保障。因此，生产资料和劳动生产率比生产工人增长得快这一事实，在资本主义下却相反地表现为：工人人口总是比资本的增值需要增长得快。

这一规律还揭示了资本积累与贫困积累是一个过程的两个方面。马克思指出：在资本主义制度内部，一切提高社会劳动生产力的方法都是靠牺牲工人个人来实现的。而一切生产剩余价值的方法同时就是积累的方法，而积累的每一次扩大又反过来成为发展这些方法的手段。由此可见，不管工人的报酬高低如何，工人的状况必然随着资本的积累而恶化。最后，使相对过剩人口或产业后备军同积累的规模和能力始终保持平衡的规律把工人钉在资本上，比赫斐斯塔司的楔子把普罗米修斯钉在岩石上钉得还要牢。这一规律制约着同资本积累相适应的贫困积累。因此，在一极是财富的积累，同时在另一极，即把自己的产品作为资本来生产的阶级方面，是贫困、劳动折磨、受奴役、无知、粗野和道德堕落的积累。

7. 资本原始积累的秘密。资本原始积累是资本主义生产方式的起点。资本积累以剩余价值为前提，剩余价值以资本主义生产为前提，而资本主义生产又以商品生产者握有较大量的资本和劳动力为前提。那么，资本最初是如何集中在少数人手中的，劳动力的所有者又是如何丧失生产资料的，在这里，马克思专门研究作为资本主义生产方式形成的历史前提问题，揭示其中隐藏的秘密。

资产阶级经济学家把资本原始积累过程描绘成一个田园诗式的东西，马克思首先揭穿了这种虚构。马克思指出，这种原始积累在政治经济学中所起的作用，同原罪在神学中所起的作用几乎是一样的。亚当吃了苹果，人类就有罪了。人们在解释这种原始积累的起源的时候，就像在谈过去的奇闻轶事。在很久很久以前有两种人，一种是勤劳的，聪明的，而且首先是节俭的精英，另一种是懒惰的，耗尽了自己的一切，甚至耗费过了头的无赖汉。……于是出现了这样的局面：第一种人积累财富，而第二种人最后除自己的皮以外没有任何可出卖的东西。大多数人的贫穷和少数人的富有就是从这种原罪开始的；前者无论怎样劳动，除了自己本身以外仍然没有可出卖的东西，而后者虽然早就不再劳动，但他们的财富却不断增加。按照资产阶级经济学家这种虚构，似乎资本家的资本是靠勤劳获得的。然而，在真正的历史上，征服、奴役、劫掠、杀戮，总之，暴力起着巨大的作用。事实上，原始积累的过程决不是像资产阶级经济学家所说的田园诗式的东西。

资本原始积累的实质是生产者和生产资料分离的历史过程。马克思指出："货币和商品，正如生产资料和生活资料一样，开始并不是资本。它们需要转化为资本。但是这种转化本身只有在一定的情况下才能发生，这些情况归结起来就是：两种极不相同的商品占有者必须互相对立和发生接触；一方面，是货币、生产资料和生活资料的所有者，他们要购买他人的劳动力来增值自己所占有的价值总额；另一方面是自由劳动者，自己劳动力的出卖者，也就是劳动的出卖者。……商品市场的这种两极分化，造成了资本主义生产的基本条件。资本关系以劳动者和劳动实现条件的所有权之间的分离为前提。资本主义生产一旦站稳脚跟，它就不仅保持这种分离，而且以不断扩大的规模再生产这种分离。因此，创造资本的过程，只能是劳动者和他的劳动条件的所有权分离的过程，这个过程一方面使社会的生活资料和生产资料转化为资本，另一方面使直接生产者转化为雇佣工人。因此，所谓原始积累只不过是生产者和生产资料分离的历史过程。这个过程之所以表现为'原始的'，是因为它形成资本及与之相适应的生产方式的前史。"①

资本原始积累的历史过程。第一，封建社会经济结构的解体。"资本主义社会的经济结构是从封建社会的经济结构中产生的。后者的解体使前者的要

① 《马克思恩格斯文集》第5卷，人民出版社2009年版，第821-822页。

素得到解放。”① 第二，对直接生产者的剥夺。“使生产者转化为雇佣工人的历史运动，一方面表现为生产者从农奴地位和行会束缚下解放出来；……但是另一方面，新被解放的人只有在他们被剥夺了一切生产资料和旧封建制度给予他们的一切生存保障之后，才能成为他们自身的出卖者。而对他们的这种剥夺的历史是用血和火的文字载入人类编年史的。”② 第三，工业资本家的产生。“工业资本家这些新权贵，不仅要排挤行会的手工业师傅，而且要排挤占有财富源泉的封建主。从这方面来说，他们的兴起是战胜了封建势力及其令人愤恨的特权的结果，也是战胜了行会及其对生产的自由发展和人对人的自由剥削所加的束缚的结果。但是，工业骑士之所以能够排挤掉佩剑骑士，只是因为他们利用了与自己毫不相干的事件。他们借以兴起的手段，同罗马的被释奴隶成为自己保护人的主人所使用的手段同样卑鄙。”③ 第四，封建剥削转化为资本主义剥削。“劳动者的奴役状态是产生雇佣工人和资本家的发展过程的起点。这一发展过程就是这种奴役状态的形式变换，就是封建剥削转化为资本主义剥削。要了解这一过程的经过，不必追溯太远。虽然在 14 世纪和 15 世纪，在地中海沿岸的某些城市已经稀疏地出现了资本主义生产的最初萌芽，但是资本主义时代是从 16 世纪才开始的。在这个时代到来的地方，农奴制早已废除，中世纪的顶点——主权城市也早已衰落。”④ 第五，原始积累过程的基础。“在原始积累的历史中，对正在形成的资本家阶级起过推动作用的一切变革，都是历史上划时代的事情；但是首要的因素是：大量的人突然被强制地同自己的生存资料分离，被当作不受法律保护的无产者抛向劳动市场。对农业生产者即农民的土地的剥夺，形成全部过程的基础。”⑤ 马克思指出，这种剥夺的历史在不同的国家带有不同的色彩，按不同的顺序、在不同的历史时代通过不同的阶段。只有在英国，它才具有典型的形式，因此我们

---

① 《马克思恩格斯文集》第 5 卷，人民出版社 2009 年版，第 822 页。
② 同①。
③ 同①。
④ 《马克思恩格斯文集》第 5 卷，人民出版社 2009 年版，第 823 页。
⑤ 同④。

拿英国做例子。接着，马克思具体描绘了英国的圈地运动，讲述了在英国对农村居民土地的剥夺，在英法两国资本原始积累期间所实行的惩治被剥夺者的血腥立法和压低工资的法律，考察了英国农业资本家和工业资本家产生的过程，最后马克思总结道："殖民制度、国债、重税、保护关税制度、商业战争等——所有这些真正工场手工业时期的嫩芽，在大工业的幼年时期都大大地成长起来了。要使资本主义生产方式发展规律充分表现出来，要完成劳动者同劳动条件的分离过程，要在一极使社会的生活资料和生产资料转化为资本，在另一极使劳动者转化为雇佣工人，即自由的"劳动贫民"这一历史的杰作，就要经受这种苦难。总而言之，"资本来到世间，从头到脚，每个毛孔都滴着血和肮脏的东西。"①

8. 资本主义积累的历史趋势。马克思在第 24 章第 7 节精辟地分析了资本主义积累的历史趋势，主要要点如下：

第一，资本的原始积累，即资本的历史起源，就只是意味着直接生产者的被剥夺，即以自己劳动为基础的私有制的解体。

第二，私有制的性质依据这些私人是劳动者还是非劳动者而有所不同。私有制在最初看来所表现出的无数色层，只不过反映了这两极间的各种中间状态。

第三，劳动者对他的生产资料的私有权是小生产的基础，而小生产又是发展社会生产和劳动者本人的自由个性的必要条件。……但是，只有在劳动者是自己使用的劳动条件的自由私有者，农民是自己耕种的土地的自由私有者，手工业者是自己运用自如的工具的自由私有者的地方，它才得到充分发展，才显示出它的全部力量，才获得适当的典型的形式。

第四，小生产的生产方式必然要被消灭，资本主义私有制取代小私有制是历史的必然。小生产是以土地和其他生产资料的分散为前提的。它既排斥生产资料的积聚，也排斥协作，排斥同一生产过程内部的分工，排斥对自然的社会统治和社会调节，排斥社会生产力的自由发展。它只同生产和社会的

① 《马克思恩格斯文集》第 5 卷，人民出版社 2009 年版，第 871 页。

狭隘的自然产生的界限相容。它发展到一定的程度，就产生消灭它自身的物质手段。这种生产方式必然要被消灭，而且已经在消灭。它的消灭，个人的分散的生产资料转化为社会的积聚的生产资料，从而多数人的小财产转化为少数人的大财产，广大人民群众被剥夺土地、生活资料、劳动工具，——人民群众遭受的这种可怕的残酷的剥夺，形成资本的前史。对直接生产者的剥夺，是用最残酷无情的野蛮手段，在最下流、最龌龊、最卑鄙和最可恶的贪欲的驱使下完成的。靠自己劳动挣得的私有制，即以各个独立劳动者与其劳动条件相结合为基础的私有制，被资本主义私有制，即以剥削他人的但形式上是自由的劳动为基础的私有制所排挤。

第五，资本主义私有制必然会被消灭。一旦这一转化过程使前资本主义社会在深度和广度上充分瓦解，一旦劳动者转化为无产者，他们的劳动条件转化为资本，一旦资本主义生产方式站稳脚跟，劳动的进一步社会化，土地和其他生产资料的进一步转化为社会地使用的即公共的生产资料，从而对私有制的进一步剥夺，就会采取新的形式。现在要剥夺的已经不再是独立经营的劳动者，而是剥削许多工人的资本家了。这种剥夺是通过资本主义生产本身的内在规律的作用，即通过资本的集中进行的。一个资本家打倒许多资本家。随着这种集中或少数资本家对多数资本家的剥夺，规模不断扩大的劳动过程的协作形式日益发展，科学日益被自觉地应用于技术方面，土地日益被有计划地利用，劳动资料日益转化为只能共同使用的劳动资料，一切生产资料因作为结合的、社会的劳动的生产资料使用而日益节省，各国人民日益被卷入世界市场网，从而资本主义制度日益具有国际的性质。随着那些掠夺和垄断这一转化过程的全部利益的资本巨头不断减少，贫困、压迫、奴役、退化和剥削的程度不断加深，而日益壮大的、由资本主义生产过程本身的机制所训练、联合和组织起来的工人阶级的反抗也不断增长。资本的垄断成了与这种垄断一起并在这种垄断之下繁盛起来的生产方式的桎梏。生产资料的集中和劳动的社会化，达到了同它们的资本主义外壳不能相容的地步。这个外壳就要炸毁了，资本主义私有制的丧钟就要响了，剥夺者就要被剥夺了。

第六，重建个人所有制。马克思指出："从资本主义生产方式产生的资本主义占有方式，从而资本主义的私有制，是对个人的、以自己劳动为基础的私有制的第一个否定。但资本主义生产由于自然过程的必然性，造成了对自身的否定，这是否定的否定。这种否定不是重新建立私有制，而是在资本主义时代的成就的基础上，也就是说，在协作和对土地及靠劳动本身生产的生产资料的共同占有的基础上，重新建立个人所有制。”①

第三节　关于资本积累理论的不同理解

一、如何认识资本主义必然灭亡的历史规律

资本主义战胜封建产生于16世纪，反映了社会生产力发展的要求，是合乎人类发展规律的一个客观的经济必然性。资本原始积累为它的产生奠定了经济基础。

资本主义生产关系相对于封建社会是一种历史进步。这种生产关系的产生需要生产力发展到一定高度，并具备两个基本的社会经济条件，一是大批丧失劳动条件并获得人身自由的劳动力的出卖者，二是货币资本在少数人手中积累到相当多的数量。这两个条件在15世纪的西欧，由于劳动者仍被束缚在封建的土地制度下，正在兴起的资产阶级手中的货币资本数量也极为有限。这种状况远远满足不了新兴资产阶级利用地理大发现造成的世界市场和海外贸易的快速扩张，来推进资本主义关系的快速形成的迫切需要。于是，他们就借助暴力，在国内通过“圈地运动”使农民与土地分离，在国外开展血淋淋的殖民掠夺、贩卖奴隶以积累货币资本。这个过程从16世纪开始，一起延续到18世纪，用血与火的文字写出了一部资本原始积累的资本主义生产关系产生的编年史。

① 《马克思恩格斯文集》第5卷，人民出版社2009年版，第874页。

圈地运动的直接起因是由于工场手工业的发展与世界市场的扩张毛纺织品的巨大需求，羊毛价格不断上涨，养羊业成为西欧特别是英国最赚钱的行业。在暴利的驱使下，那些正在向新兴资产阶级转变的封建贵族纷纷卷入圈地运动，收回租地并强占农民土地，将农民一批一批地从自己的土地上赶走，代之以成群成群的羔羊，上演了一场“羊吃人”的历史惨剧。圈地运动使英国90%以上的农民离开家园变成流浪者和乞丐。这些流浪者决不是资本原始积累的目的，其目的是为新的生产关系提供可供买卖的劳动力。于是资产阶级通过国家机器颁布惩治流浪者法律，“法官有权叫人当众鞭打他们，把第一次被抓到的监禁六个月，第二次被抓到的监禁两年。在监禁期间，治安法官认为只要适当就可以随时鞭打他们，要打多少就打多少……不可救药的危险的流浪者，要在左肩打上R字样的烙印，并要从事强制劳动；如果他再度在行乞时被抓到，那就要毫不容情地被处死。”① “这样，被暴力剥夺了土地、被驱逐出来而变成了流浪者的农村居民，由于这些古怪的恐怖的法律，通过鞭打、烙印、酷刑、强迫习惯于雇佣劳动制度所必需的纪律。”②

新兴资产阶级单靠国内圈地积累货币资本的速度过于缓慢，因而不约而同地展开了向海外殖民掠夺，殖民者为获得大量的货币财富进行了疯狂的种族屠杀。当美洲新大陆纯朴善良的印第安人用善意和橄榄枝欢迎远渡重洋而来的欧洲客人时，这些冒险家们却报之以刀光剑影。他们“进入村里，连小孩、老人、妇女、产妇也不放过，把所有的人全部杀光。”③ 经过殖民者的疯狂屠杀，印第安人口急剧减少。仅一个多世纪的时间，墨西哥的印第安人减少了90%，秘鲁则减少了95%。大屠杀只是大掠夺的手段，殖民者从血泊中攫取了大量金银财宝。不仅如此，殖民者还通过长时间的贩卖黑奴攫取了大量利润。据统计，贩卖黑奴贸易的利润率，在17世纪平均达600%，18世纪800%，有时甚至更高。在暴利的驱使下，贩卖黑奴的贸易持续长达400年！联合国教科文组织1978年召开的专家会议估计，贩卖黑奴使非洲人口造成的

---

① 《马克思恩格斯文集》第5卷，人民出版社2009年版，第845-846页。

② 《马克思恩格斯文集》第5卷，人民出版社2009年版，第846页。

③ 转引自《世界通史资料选辑（中古部分）》，商务印书馆1972年版，第321页。

减少，多达2.1亿人。以无数生命为代价的世界各地的财富，就这样源源不断地聚集到欧洲，完成了资本原始积累。

经过原始积累和工业革命，资本主义开始迅速发展起来。资本主义初级阶段的特征是自由竞争。在此阶段，政府很少干预市场经济的运行，其责任在于创造良好的经济运行的环境和条件。资本主义生产方式曾经促进了社会生产力的快速发展，对此，马恩在《共产党宣言》中曾做过高度评价：“资产阶级在它的不到一百年的阶级统治中所创造的生产力，比过去一切世代创造的全部生产力还要多，还要大。”① 然而，自由竞争的结果却出现了生产相对过剩的经济危机。“在危机期间，发生一种在过去一切时代看来都好像是荒唐现象的社会瘟疫，即生产过剩的瘟疫。社会突然发现自己回到了一时的野蛮状态；仿佛是一次饥荒、一场普遍的毁灭性战争，使社会失去了全部生活资料；仿佛是工业和商业全被毁灭了。这是什么缘故呢？因为社会上文明过度，生活资料太多，工业和商业太发达。社会所拥有的生产力已经不能再促进资产阶级文明和资产阶级所有制关系的发展；相反，生产力已经强大到这种关系所不能适应的地步，它已经受到这种关系的障碍，就使整个资产阶级社会陷入混乱，就使资产阶级所有制的存在受到威胁，资产阶级的关系已经太狭窄了，再容纳不了它本身所创造的财富了。”② 经济危机只是一种表象，资本主义生产的产品并不是绝对过剩而是相对过剩，即相对于劳动人民有支付能力的需求资本是过剩的多余的。为了转嫁危机，资本主义国家往往从加快殖民扩张，进一步盘剥殖民地寻找出路。

自由竞争引起生产集中，生产集中达到一定阶段必然形成垄断，自由竞争的资本主义转变为帝国主义。由此看来，垄断是适应生产社会化的要求对资本主义生产关系的调整。其具体表现是：第一，它是应对经济危机深化对资本主义生产关系的调整。危机表明，自由竞争导致的生产无序化，给资本主义经济造成越来越大的危害，于是，那些有条件的大企业便希望通过垄断即独占来形成某种秩序，以应对无政府局面，这就产生了一些同行业的联合

① 《马克思恩格斯文集》第2卷，人民出版社2009年版，第36页。

② 《马克思恩格斯文集》第2卷，人民出版社2009年版，第37页。

组织即托拉斯来协调本部门的生产和流通。第二，它是为满足社会化生产力发展新需要对资本主义生产关系的调整。19 世纪末，随着发电机的出现，与电相关的一系列新兴产业如雨后春笋般涌现出来，如电动机、电灯、电话、电车、远距离输电、汤姆士炼钢法、内燃发动机，等等，世界产业结构趋于重型化，项目投资额的增加和企业规模的扩大，分工与协作日益紧密，生产社会化要求更加强烈，生产的集中化要求资本更大规模的集中趋势就成为必然。第三，它也是大企业之间为避免竞争中两败俱伤的必然选择。随着企业规模的不断扩大和他们之间竞争的激烈化程度不断提高，竞争导致的损失越来越大。为避免损失，大企业之间就倾向于联合或者干脆由自己来垄断。“资本主义生产的发展，使投入工业企业的资本有不断增长的必要，而竞争使资本主义生产方式的内在规律作为外在的强制规律支配着每一个资本家。竞争迫使他不断扩大自己的资本来维持自己的资本，而他扩大资本只能靠累进的积累。”①

在垄断过程中，工业资本与银行资本逐渐融合起来生成金融资本，控制金融资本的金融寡头对资本主义的经济政治影响越来越大，它们与政府之间的往来和交流日趋频繁，它们的利益诉求越来越多地反映在政府的政策之中。1933 年美国“罗斯福新政”和 1936 年凯恩斯主义的出现，标志着资本主义生产关系在垄断基础上的进一步重大调整。国家全面介入经济生活，企图用国家的力量解决市场失灵，以克服和缓解社会经济矛盾。罗斯福就曾说过：“对于我们多数人来说，由于经济上的不平等，一度赢得的政治上的平等已经失去意义。少数人的手里已经几乎全面掌握着别人的财产，别人的金钱，别人的劳动，别人的生命。对于我们许多人来说，生活已不再是自由的了，自由已不再是现实的；人们已不再能追求幸福”，他疾呼“我们正在为自己和世界拯救一种伟大而珍贵的政治体制而战斗。”② 这是一次资本主义制度自身范围内的重大调整，使资本主义从自由竞争资本主义到私人垄断资本主义，再到国家垄断资本主义的历史性转变。

① 《马克思恩格斯文集》第 5 卷，人民出版社 2009 年版，第 683 页。

② 《罗斯福选集》商务印书馆 1982 年版，第 126 页。

第二次大战之后特别是20世纪90年代以来，帝国主义国家在生产力和生产关系两个方面都发生了深刻的变化。从生产力方面看，首先是生产工具发生了新的变化。现代化大工业生产由电气化到电子化再到智能化阶段。智能化是当代资本主义生产力发展的一个重要特征。在智能化阶段，人类劳动能力得到了极大的释放，甚至人类部分脑力劳动被智能化机器所取代，出现了无人工厂。生产工具这一巨大变化，极大地提高了社会生产力。其次是劳动对象发生了新的变化。原子能、太阳能、风能、地热能、海洋能、可燃冰等的利用，大大减少了社会生产对一次性非再生能源的依赖。航天技术的飞速发展，使得人类的活动进入了宇宙空间；对海洋开发能力的提升，使得海洋成为向人类提供新的能源和资源的新领域；3G打印技术的应用，使得人们无须机械加工或任何模具，就能直接从计算机图形数据中生成任何形状的零件，甚至人的皮肤、软骨、骨头、以及身体其他器官，从而极大地缩短产品的研制周期，提高生产率和降低生产成本。再次是劳动力结构发生了新的变化。劳动者素质显著提高，已经和正在由以前的简单体力劳动向高技术、高技能的创新劳动转化，专家和工程技术人员占全部工人人口的比重不断提高，目前在主要发达国家，脑力劳动者和脑体力双重劳动者已占劳动者总数的一半以上，成为工人阶级队伍的主体部分。

从生产关系方面看，国家垄断资本主义实际上已经发展到一个新的阶段，即新帝国主义阶段。其具体表现是：

（1）所有制形式多样化。当代资本主义虽然仍是以私有制为基础，但是国家所有制、垄断资本集体所有制、中小私人资本所有制、股份合作制、甚至职工持股制等所有制形式出现了多样化的趋势。资本日益多元化和社会化，是对单个私人资本的否定，它在一定程度上缓解了生产社会化与生产资料私人占有之间的矛盾，是资本主义生产方式内对资本主义生产方式的扬弃。

（2）分配形式多样化。当代资本主义国家都不同程度地建立了社会保障制度，即由政府统一进行的国民收入再分配制度。政府一方面提高税收在国民生产总值中的比重形成更多的财政收入，然后以社会福利的形式（包括医疗保险、养老保险、社会救济等）把其中相当大的份额用于广大群众，以缩小收入差距，缓解社会矛盾。这一分配形式的变化，实质上是劳动力价值支付方式的变化，但它确实对资本主义经济发展和社会稳定发挥了积极作用。

（3）政府普遍建立了宏观经济运行调节机制。国家对市场经济的干预成为常态而且多层次，主要形式包括：一是用国有资本收购私人垄断企业或国家直接投资等直接建立国有企业，如航空航天、军事设施等新兴产业和重要的基础高端产业。二是国家制订宏观经济社会发展计划，通过一系列的计划指标，实现国家对经济发展的速度、规模、产业结构的调整意图。三是政府宏观政策干预体系，包括财政政策和货币政策对市场经济进行直接或间接的调控。

（4）国际经济秩序的新变化。国家垄断走向国际垄断形成国际垄断联盟，实现垄断资本国际化，是当代资本主义新变化的一个显著特征。正如马克思早已指出的那样，资产阶级为了不断扩大产品销路，奔走于世界各地，它必须到处落户，到处开发，到处建立联系。由于开拓了世界市场，使得一切生产和消费都成为世界性的了。经济全球化不仅意味着资本主义生产活动超越了国家的限制，更意味着资本主义生产关系的扩张，甚至是资本主义国家同盟的形成。特别是20世纪90年代以来，随着经济全球化程度的不断提高，欧洲联盟这样一种新的国际垄断资本主义形式产生了。欧洲联盟是一个经济和政治共同体，英国脱欧之后现有27个会员国，人口4.4亿，总面积432.2万平方千米，2015年GDP16.106万亿美元。欧盟在司法和内政事务方面，包括许多会员国之间根据申根协定取消护照管制。欧盟的宗旨是，通过建立无内部边界的空间，加强经济、社会的协调发展和建立最终实行统一货币的经济货币联盟，促进会员国经济和社会的均衡发展。目前已经有15个会员国通用欧元。

对待资本主义，马克思主义经典作家从来都不否认其具有的历史进步性。前文已经提到马克恩在《共产党宣言》中的高度评价，列宁也曾说过：“任何一个马克思主义者都不会忘记，资本主义比封建主义进步，而帝国主义又比垄断前的资本主义进步。”① 照此说来，当代资本主义肯定比“二战”前的资本主义进步，国家垄断资本主义肯定比私人垄断资本主义进步，国际垄断资

① 《列宁全集》第1版第23卷，第57页。

本主义肯定比国家垄断资本主义进步。那么，资本主义社会越来越进步，它还会灭亡吗？如果坚持说资本主义必然灭亡，为什么马克思恩格斯早在《共产党宣言》中就宣布了资本主义的死刑？马克思在《资本论》更是明确提出，资本主义私有制的丧钟就要响了，剥夺者就要被剥夺了；列宁又进一步论证了帝国主义是垂死的腐朽的资本主义。可到现在，发达资本主义国家不仅没有垂死、腐朽和死亡，而是还有很强的生命力？这是不是意味着马克思列宁所揭示的经济发展规律就不存在了？当然不是。因为，当代资本主义的新变化并没有触动资本主义的根基，没有根本改变资本主义制度的性质，也没有改变马克思主义经典作者揭示的资本主义必然灭亡的历史规律，改变的只是这一规律的具体实现形式。

第一，现代公司制与资本主义单个私人企业的私有制不同，它在一定程度上表现为资本的社会化，但从本质上讲这种公司制只不过是资本主义私有制新的实现形式。马克思指出："那种本身建立在社会生产方式的基础上并以生产资料和劳动力的社会集中为前提的资本，在这里直接取得了社会资本（即那些直接联合起来的个人的资本）的形式，而与私人资本相对立，并且它的企业也表现为社会企业，而与私人企业相对立。这是作为私人财产的资本在资本主义生产方式本身范围内的扬弃。"① 公司制作为社会化资本是对单个私人资本的扬弃，说明单个私人资本已经不符合生产社会化的要求，它通过资本的社会化的形式对单个私人资本进行否定。资本的社会化又会进一步要求经济组织管理的社会化，即国民经济越来越要求由社会来组织和管理。这种经济活动组织管理的社会化要求作为社会代表的国家更多地发挥对国民经济活动的调控作用。国家对经济运行的调控，代表的是整个资本家阶级的利益，代表的是整个社会发展的要求。而国家对经济运行调控的经济基础就是国家垄断资本主义。

第二，国家垄断资本主义在某种程度上生产资料实行国家所有的形式，国际垄断资本主义在某种程度上实现了生产贸易金融等全球一体化，但其本

① 《马克思恩格斯文集》第7卷，人民出版社2009年版，第494-495页。

质上仍然没有改变生产资料资本主义私有制的性质，改变的只是它的具体实现形式。因为，国有经济的性质取决于国家的性质，取决于国家政权掌握在哪个阶级手里，为哪个阶级服务。资本主义的国有资本不过是意味着一部分资本从私人手里转移到作为总资本家的国家手里，国有资本再与私人垄断资本联合或融合生成国家垄断资本，这恰恰说明作为总资本家的资本主义国家所控制的社会资本更多更大，使得资本主义私有制的实现形式更加多样、更加灵活。这可以从战后发达国家所交替出现的国有化浪潮和私有化浪潮得到佐证。第二次大战后到50年代初，主要的资本主义国家大都实施凯恩斯的政策主张，通过建立国有经济对市场经济进行政府干预和调控，从美国开始特别是欧洲的一些国家包括法国、英国和意大利的国有经济有了较大发展。但是，20世纪到了80年代，资本主义国家为了摆脱“滞胀”，这些国家又纷纷掀起了国有企业私有化的浪潮。在他们眼里，国有经济就是他们对国民经济进行调节的手段而已，国有经济存在和发展的根本目的是为私有经济的稳定发展服务的，国家垄断资本的存在最终仍是服务于私人垄断资本。国际垄断资本的本质说到底是国家垄断资本。

第三，资本主义生产资料的国家垄断和国际垄断并没有从根本上克服资本主义固有的基本矛盾，这种矛盾激化必然爆发危机，只不过以前的经济危机采取了新的形式，即国际金融危机。资本主义的基本矛盾是生产社会化与生产资料的资本主义私人占有之间的矛盾。这是资本主义自身固有的无法解决的矛盾。资本主义的经济发展过程，从一方面看就是生产日益社会化的过程。马克思认为，在资本主义发展的基础上，资本日益集中在少数人手中，生产社会化的程度就会不断提高。他指出：“随着这种集中或少数资本家对多数资本家的剥夺，规模不断扩大的劳动过程的协作形式日益发展，劳动资料日益转化为只能共同使用的劳动资料，一切生产资料因作为结合的、社会的劳动的生产资料使用而日益节省，各国人民日益被卷入世界市场网，从而资本主义制度日益具有国际的性质。”① 随着跨国公司的不断发展，当今的生产

① 《马克思恩格斯文集》第5卷，人民出版社2009年版，第874页。

社会化程度已经达到了空前国际化的程度。从另一方面看，生产资料私有制的集中也达到了前所未有的程度，极少数垄断资本和金融寡头的统治也已经从国家垄断走向了国际垄断。

资本主义基本矛盾运动必然产生经济危机。马克思指出："总的来说，矛盾在于：资本主义生产方式包含着绝对发展生产力的趋势，而不管价值及其中包含的剩余价值如何，也不管资本主义生产借以进行的社会关系如何；而另一方面，它的目的是保存现有资本价值和最大限度地增值资本价值（也就是使这价值越来越迅速地增加）。它的独特性质是把现有的资本价值用作最大可能地增值这个价值的手段。它用来达到这个目的的方法包含着：降低利润率，使现有资本贬值，靠牺牲已经生产出来的生产力来发展生产力。"而"现有的资本周期贬值，这个为资本主义生产方式所固有的、阻碍利润率下降并通过新资本的形成来加速资本价值的积累的手段，会扰乱资本流通过程和再生产过程以进行的现有关系，从而引起生产过程的突然停滞和危机。"① 正是由于资本主义生产方式自身的限制，使生产力的发展呈现周期性中断，经济危机的爆发就不可避免。经济危机的实质是生产相对过剩而不是绝对过剩，即不是财富生产太多了，而是资本主义的、对立形式上的财富，周期地生产太多了。资本主义生产方式的限制表现在：其一，劳动生产力的发展使利润率的下降成为一个规律，这个规律在某一点上和劳动生产力本身的发展发生最强烈的对抗，因而必须不断地通过危机来克服。其二，生产的扩大或缩小，不是取决于生产和社会需要即社会地发展了的人的需要之间的关系，而是取决于无酬劳动的占有以及这个无酬劳动和对象化劳动之比，或者按照资本主义的说法，取决于利润以及这个利润和所使用的资本之比，即一定水平的利润率。因此，当生产扩大到在另一个前提下还显得远为不足的程度时，对资本主义生产的限制已经出现了。资本主义生产不是在需要的满足要求停顿时停顿，而是在利润的生产和实现要求停顿时停顿。②

那么，如何看待2008年爆发的国际金融危机呢？很多人认为，国际金融

① 《马克思恩格斯文集》第7卷，人民出版社2009年版，第278页。

② 参见《马克思恩格斯文集》第7卷，人民出版社2009年版，第287-289页。

危机爆发的根本原因在于政府对市场特别是金融市场监管不力，造成虚拟经济脱离实体经济自我膨胀，从而爆发国际金融危机。要应对国际金融危机，解铃还须系铃人，政府必须出手，一方面用巨资向银行注资以挽救金融市场，另一方面要加大对金融监管的力度。这种观点有其合理性，因为国际金融危机的爆发确实与政府对金融市场的监管不力有关。但是，如果把国际金融危机爆发的根本原因归之于政府的监管，这只是在解释现象。马克思主义认为，资本主义经济危机是生产相对过剩，其根源在于资本主义的基本矛盾，即生产社会化与生产资料资本主义私人占有之间的矛盾。2008 年国际金融危机爆发的导火索是美国的次贷危机，即没有购房能力而且信用程度又很低的人通过贷款买房，结果由于这些人无力偿还抵押贷款而引发的一种金融危机。那么，问题是这些人为什么会得到贷款？原因在于银行。银行给穷人贷款的目的不是让他们还款而是为了得到穷人用贷款买到的房子，因为房价上涨的幅度比银行贷款利息要高得多。银行为规避风险就把购房抵押贷款进行保险，保险公司又把这种保险单打包向社会出售。这种以金融衍生品为载体的虚拟经济创造出来的巨大虚假需求对实体经济发展造成的假象，诱导实体经济盲目扩张，而社会有支付能力的真正需求远远跟不上实体经济发展的速度，生产相对过剩的经济危机就必然爆发。所不同的是，在现代金融高度发达的条件下，经济危机的表现不是生产出来的房子卖不出去，而是通过贷款得到住房的人无力支付房款。从现象上看，生产出来的房子已经卖掉，但承载这种住房背后的不是有支付能力的需求，其实质仍然是由于房价上涨造成的住房生产的不断扩张与人们对住房的有支付能力的需求相对不足的矛盾，这种矛盾被现代国际金融体系创造出来的虚假需求所掩盖和不断放大，一旦社会信用链条的某一环节发生断裂，首先引爆的就是银行的信用危机或金融危机。1997 年亚洲金融危机和 2008 年国际金融危机都证明，资本主义生产相对过剩的经济危机是以银行的信用危机为先导的。

经济危机的周期性爆发，表明资本主义制度本身的局限性，不管资本主义生产关系怎么调整都不可能从根本上解决生产社会化与生产资料资本主义私人占有之间的矛盾，不可能解决生产无限扩大趋势与广大人民群众有支付能力需求相对不足的矛盾。生产的社会化、资本的社会化、对国民经济组织管理的社会化，客观要求建立一种能够适应这一系列社会化发展要求的社会经济制度来代替已经过时的资本主义经济制度，这种新制度马克思把它叫作“重建个人所有制”。

二、对“重新建立个人所有制”的不同理解

马克思在《资本论》第1卷第24章深刻地揭露了资本原始积累的实质，精辟地分析了私有制的性质和类型，简要地论证了以自己劳动为基础的私有制被资本主义私有制排挤的历史必然性，透彻地说明了在资本集中与垄断的基础上剥夺者必然被剥夺的资本主义积累的历史趋势，以此为基础，马克思提出了代替资本主义私有制社会的未来社会的所有制应该是“重新建立个人所有制”。马克思是这样讲的：“从资本主义生产方式产生的资本主义占有方式，从而资本主义的私有制，是对个人的、以自己劳动为基础的私有制的第一个否定。但资本主义生产由于自然过程的必然性，造成了对自身的否定。这是否定的否定。这种否定不是重新建立私有制，而是在资本主义时代的成就的基础上，也就是说，在协作和对土地及靠劳动本身生产的生产资料的共同占有的基础上，重新建立个人所有制。”①

马克思的这段话包括三层意思：第一，资本主义私有制是对个体私有制的否定。这种否定具有历史必然性，因为个体私有制排挤生产力的进一步发展。同时，这种否定也没有违背商品生产和商品交换的规律，因为在劳动力成为商品可以买卖的条件下，商品生产按自己本身内在的规律越是发展成为资本主义生产，商品生产的所有权规律也就越是转变为资本主义占有规律。再者，这种否定主要是通过资本原始积累的方式实现的，资本主义私有制代替个体劳动者的私有制的过程，就是对个体劳动者的生产资料的剥夺过程。第二，资本主义私有制的自我否定，即否定之否定。一旦前资本主义的旧社

① 《马克思恩格斯文集》第5卷，人民出版社2009年版，第874页。

会在深度和广度上充分瓦解，从而对私有者的进一步剥夺，就会采取新的形式。现在要剥夺的已经不是独立经营的劳动者，而是剥削工人的资本家。这种剥夺是通过资本主义生产本身的内在规律的作用，即资本集中进行的。一个资本家打倒许多资本家形成资本家巨头，而随着资本家巨头的不断减少，生产资料的不断集中和劳动的日益社会化，达到了同它们的资本主义外壳不能相容的地步，资本主义私有制的丧钟就要响了，剥夺者就要被剥夺了。第三，否定资本主义之后的新所有制形式叫作“重新建立的个人所有制”。这种所有制不是重新建立私有制，当然也不是建立资本主义私有制，而是在资本主义时代的成就的基础上，在协作和对土地及靠劳动本身生产的生产资料的共同占有的基础上，重新建立的个人所有制。

长期以来，人们对这两段话进行了不同的注解。正像一百多年前的杜林先生所讲的那样：“马克思先生安于他那既是个人的又是社会的所有制的混沌世界，即让他的信徒们自己去解这个深奥的辨证法之谜”①。恩格斯对马克思的重建个人所有制作了注解：“靠剥夺剥夺者而建立起来的状态，被称为以土地和靠劳动本身生产的生产资料的公有制为基础的个人所有制的恢复。对任何一个懂德语的人来说，这就是，公有制包括土地和其他生产资料，个人所有制包括产品即消费品”②。在恩格斯看来，个人所有制和社会所有制不是同一个问题的两种表述，而是分别指生产资料所有制和消费资料所有制两种领域，因此决不会发生像杜林所说的“混沌世界”。恩格斯这一解释，曾被中外学术界广泛接受。但在一百多年后的今天，在对社会主义所有制关系进行改革的时候，人们又重新提出了这一问题，并提出了不同的解释。有人认为，马克思这里所讲的“个人所有制”是指生产资料的个人所有制；有人则根据恩格斯的说明，认为是生活资料的个人所有制；有人认为是“社会个人所有制”；还有人认为，是在生产资料公有制基础上的劳动者人人都有的个人所有制，等等。真可谓莫衷一是。那么，马克思讲的“重建个人所有制”到底是什么含义，我们今天对这段的重新理解，又有什么现实意义？我们对此谈一

① 《马克思恩格斯选集》第3卷，人民出版社1975年版，第472页。
② 《马克思恩格斯选集》第3卷，人民出版社1975年版，第170页。

谈自己的看法。

1. 这里讲的所有制应是生产资料所有制。如果我们不是单单看这两段，而是联系整个《资本论》第1卷来看这两段，那么，这里讲的所有制问题实际上指的只能是生产资料的所有制。在马克思上边那段话中所讲的第一次否定，是指资本主义的生产资料私有制否定了以自己劳动为基础的小私有制；按照逻辑，第二次否定，即否定的否定，当然也是指生产资料所有制。如果把第二次否定所建立的所有制看成是生活资料所有制，就会引起逻辑上的混乱。再从马克思关于所有制的论述中，我们也可以看出，凡是谈到所有制，他都是从人对生产条件（主要表现为生产资料）的占有关系上来讲的。马克思关于生产与分配的关系的论述也能够说明这里讲的只能是生产资料所有制。马克思认为，分配有两种，一种是生产条件的分配，一种是个人消费品的分配。生产条件的分配问题就是生产资料所有制问题，它是生产的前提；个人消费品的分配又是由生产资料所有制所决定的，个人消费品的分配关系只是生产资料所有制关系的结果，是生产资料所有制关系决定着生产的社会性质。因此，从社会形态的更替来讲，也只能理解为是生产资料所有制问题。可见，恩格斯所解释的“社会所有制”涉及的是生产资料，“个人所有制”涉及的是消费资料，是对马克思“重建个人所有制”的一种误解。

作为马克思最亲密的战友又深知马克思思想的恩格斯，为什么会对马克思这一重要的论断发生误解呢？原因就发生在马克思这两段话在不同的版本中的含义是不同的。

我们先摘引《资本论》1975年中文版第832页。“这是否定的否定。这种否定不是重新建立私有制，而是在资本主义时代的成就的基础上，也就是说，在协作和对土地及靠劳动本身生产的生产资料的共同占有的基础上，重新建立个人所有制。

以个人自己劳动为基础的分散的私有制转化为资本主义私有制，同事实上已经以社会生产为基础的资本主义所有制转化为公有制比较起来，自然是一个长久得多、艰苦得多、困难得多的过程。”

我们再来摘引《马克思恩格斯选集》第2卷1995年6月中文第2版中马

克思的表述。“这是否定的否定。这种否定不是重新建立私有制，而是在资本主义时代的成就的基础上，也就是说，在协作和对土地及靠劳动本身生产的生产资料的共同占有的基础上，重新建立个人所有制。以个人自己劳动为基础的分散的私有制转化为资本主义私有制，同事实上已经以社会生产为基础的资本主义所有制转化为社会所有制比较起来，自然是一个长久得多、艰苦得多、困难得多的过程。”最后我们摘引恩格斯在《反杜林论》中引用的马克思的话。“这是否定的否定。这种否定重新建立个人所有制，但这是以资本主义时代的成就，即以自由劳动者的协作以及他们对土地和靠劳动本身生产的生产资料的共同占有为基础的。以自己劳动为基础的分散的个人私有制转变为资本主义私有制，同事实上已经以社会化生产为基础的资本主义私有制转变为公有制比较起来，自然是一个长久得多、艰苦得多、困难得多的过程。”恩格斯接着解释说：“可见，靠剥夺者而建立起来的状态，被称为以土地和靠劳动本身生产的生产资料的公有制为基础的个人所有制的恢复。对任何一个懂德语的人来说，这就是，公有制包括土地和其他生产资料，个人所有制包括产品即消费品。”

请读者注意：在恩格斯引用马克思的话中，“个人所有制”是建立在“生产资料的公有制为基础的个人所有制”。换言之，生产资料是公有制的，建立在这个基础上的个人所有制就不能涉及生产资料领域，而只能涉及消费资料领域。如果在生产资料的公有制为基础的个人所有制所涉及的仍然是生产资料，那就会出现像杜林所说的，生产资料既是公有制的也是个人所有制的“混沌世界”，如果说“个人所有制”就是“公有制”，那么就会出现公有制建立在公有制的基础上的同义词反复。所以，恩格斯也只能做上述个人的理解。

2. 这里讲的所有制应是联合起来的生产资料的劳动者个人所有制。马克思讲的很清楚，通过第二次否定所建立的“是在资本主义时代的成就的基础上，也就是说，在协作和对土地及靠劳动本身生产的生产资料的共同占有的基础上”的劳动者个人所有制。马克思曾对个人所有制作过这样一段描绘：“资本家对这种劳动的异己的所有制，只有通过他的所有制改造为非孤单的单个人的所有制，也就是改造为联合起来的社会个人的所有制，才可能被消灭"① 因此，这里说的对生产资料的劳动者个人所有制，不是指互相分离的生产者，而是联合起来的生产者，不是孤立的个人，而是联合起来的个人，社会化的个人。

3. 这里讲的个人应是全面自由发展的个人。关于这一思想，马克思在《资本论》的第一个手稿（1857—1858 年）中，就作了较为深刻的论述。在这部手稿中，马克思研究了人类社会的发展史，建立了人类社会发展的三形态理论，其中第三种社会形态即资本主义以后的社会形态中的劳动者个人与"重建个人所有制"中的个人显然是一回事。马克思指出："人的依赖关系（起初完全是自然发生的），是最初的社会形态；在这种形态下，人的生产能力只是在狭窄的范围内和孤立的地点上发展着。以物的依赖性为基础的人的独立性，是第二大形态，在这种形态下，才形成普遍的社会物质变换，全面的关系，多方面的需求以及全面的能力的体系。建立在个人全面发展和他们共同的社会生产能力成为他们的社会财富这一基础上的自由个性，是第三个阶段"②。在马克思看来，在市场经济充分发展的资本主义社会中，出现了个人独立化的客观趋势，这就使得在资本主义之后的一种新的社会里，"个人的独创和自由发展不再是一句空话"③。而资本主义社会仅仅是为这个"更高级的、以每个人的全面而自由的发展为基本原则的社会形式创造现实基础"④。

独立而全面自由发展的个人，只能在实际地占有生产资料的条件下才能实现。这是因为，"实际的占有，从一开始就不是发生在对这些条件的想象中，而是发生在对这些条件的能动的、现实的关系中，也就是实际上把这些条件变为自已的主体活动的条件"⑤。从马克思的论述中可以看出，个人只有作为主体实际地占有生产资料，并把这些生产资料变为个性主体的实际活动条件时，才能获得自由。这就是说，全面自由发展的个人，是以在经济上建

① 《马克思恩格斯全集》第 48 卷，人民出版社 2007 年版，第 21 页。

② 《马克思恩格斯全集》第 46 卷上册，人民出版社 1979 年版，第 104 页。

③ 《马克思恩格斯全集》第 3 卷，人民出版社 1960 年版，第 516 页。

④ 《马克思恩格斯文集》第 5 卷，人民出版社 2009 年版，第 683 页。

⑤ 《马克思恩格斯全集》第 46 卷上册，人民出版社 179 年版，第 493 页。

立生产资料的个人所有制为基础的。

总之，关于对马克思“重建个人所有制”的理解，我们认为，应该考虑这样几点：

第一，要把马克思的“重建个人所有制”的思想与“自由人联合体”、人类社会发展的第三种形态即“人的自由全面发展”的思想结合起来理解，因为这三种说法都是关于对资本主义以后的社会的预见的论述。

第二，要把马克思的“重建个人所有制”的思想与马克思主义整个经济学体系结合起来理解。因为这一思想实际上是马克思分析资本主义现实经济运动所得出的必然结果。马克思在《资本论》第 3 卷谈到股份公司作为资本转化为生产者的财产的过渡点时指出：“不过这种财产不再是各个互相分离的生产者的私有财产，而是联合起来的生产者的财产，即直接的社会财产。”①

第三，要把这一思想与马克思主义的基本方法，特别是与马克思主义唯物史观结合起来理解。因为任何一种社会经济结构总是建立在一定的生产力基础之上的。作为一种更先进的社会形态，资本主义之后的新社会必然是在资本主义时代的成就的基础上，即在资本主义生产力高度发展的基础上的、适应生产高度社会化要求的社会。1877 年，马克思在《给〈祖国纪事〉杂志编辑部的信》中提出“资本主义生产的历史趋势归结成这样：……它本身已经创造出了新的经济制度的因素，它同时给社会劳动生产力和一切生产者个人的全面发展以极大的推动；资本主义所有制只能转变为社会所有制。”②

第四，要把这一思想与马克思主义关于人的解放的思想结合起来理解。马克思恩格斯在《共产党宣言》中也已经讲的很明白：“代替那存在着阶级和阶级对立的资产阶级旧社会的，将是这样一个联合体，在那里，每个人的自由发展是一切人的自由发展的条件”③。恩格斯在 1894 年 1 月 9 日致卡内帕的信中，应《新世纪》周刊“用最简短的字句来表述未来的社会主义纪元的基本思想”的请求，摘出了上面这段话作为答复。恩格斯说，除了从《共产党

① 《马克思恩格斯文集》第 7 卷，人民出版社 2009 年版，第 495 页。
② 《马克思恩格斯文集》第 3 卷，人民出版社 2009 年版，第 465 页。
③ 《马克思恩格斯选集》第 1 卷，人民出版社 1975 年版，第 273 页。

宣言》中摘出上面这句话，再也找不出合适的了。由此可见，马克思的“重建个人所有制”中的个人与马克思主义经典作家关于人的解放即人的自由全面发展中的个人是一致的。

第四节 研究资本积累理论的现实意义

1. 坚定资本主义必亡和共产主义必胜理想信念

当代资本主义确实发生了巨大的变化，马克思主义只有在发展中才能真正坚持。由于多种因素的作用，当代资本主义在保持基本制度不变的前提下，经过一系列调整，矛盾有所缓和，而且又有了相当的生命力，它在地球上存在的寿命比马克思、列宁等人预计的要长得多。资本主义社会已经历了自由资本主义、私人垄断资本主义、国家垄断资本主义，并且还在继续发展。社会主义与资本主义并存的“一球两制”的格局将要保持一个很长的历史时期。而且在今后一个相当长的时期内，资本主义的发展还会产生一些新的情况和新的变化。

当代资本主义的新变化，没有根本改变资本主义制度的本质、基本矛盾和必然走向灭亡的历史大趋势。生产力是最终的革命的力量。生产社会化发展的本性，必然要求彻底消灭一切剥削制度，消灭一切阶级差别，建立以人自身的全面而自由发展为根本特征的共产主义新社会。这是不依任何人的意志为转移的铁的历史必然性。虽然，今天的资本主义与马克思生活时代的资本主义相比，确实发生了许多新的变化。但是，资本主义的制度基础、生产实质和基本矛盾并没有改变，马克思在《资本论》中阐明的资本主义制度的基础、本质、矛盾和趋势的理论精华并没有过时，它仍然是我们正确认识当代资本主义，把握时代发展大趋势的理论基石。

在资本主义生产自动化的条件下，资本家之所以能在少雇或不雇直接操纵机器的普通工人的情况下，获得更多的剩余价值，是因为；第一，由于生产自动化，生产工人的范围和结构发生了很大变化，在生产现场直接操纵机器的普通工人人数虽然减少了，但对参与发明、设计、制造自动化装置的科技人员以及管理人员的人数则大大增加了。他们都是制造社会产品的总体工人的组成部分，也都是雇佣劳动者，他们的劳动创造价值和剩余价值。因而在自动化条件下，价值和剩余价值是由包括直接生产的工人和间接参加生产的科技人员、管理人员在内的总体工人共同劳动创造的。第二，自动化生产条件下的劳动，是一种高度复杂的劳动，因而在相同时间内能够比一般条件下的劳动创造更多的价值和剩余价值。第三，生产自动化的企业里，具有较高的劳动生产率，商品的个别价值低于社会价值，从而能够获得较多的超额剩余价值。第四，就整个资本主义社会看，随着生产自动化程度的提高，社会劳动生产率迅速提高，整个资本家阶级将由此获得更多的相对剩余价值。资本主义生产自动化，既不可能改变剩余价值的来源，也不可有改变资本家剥削雇佣工人的实质。各种自动化装置，只不过是资本家加强对工人剥削、榨取剩余价值的更有力的手段。

当代发达的资本主义制度，其历史作用仍然具有两重性：既存在着与历史相适应的一面，也存在着落后性、腐朽性和反动性的一面。实际上，《资本论》对资本主义经济制度的分析是辩证的，既无情地揭露了这个制度的不合理性、对抗性；又充分肯定了它的历史功绩。马克思一方面揭露“资本来到世间，从头到脚，每个毛孔都滴着血和肮脏的东西。”① 另一方面又充分肯定它在发展生产力方面的历史功绩，“资产阶级在它不到一百年的阶级统治中所创造的生产力，比过去一切世代创造的全部生产力还要多，还要大。”② 当代发达资本主义国家的现实不正是如此吗？它们一方面在利用各种手段和技术快速地发展其生产力，最大限度地聚敛社会财富；另一方面又在凭借自己的经济和科技实力，到处争夺世界霸权、充当国际宪兵、企图用自己的社会制度和意识形态来取代与它相对立，甚至有区别的社会制度和意识形态。在对待资本主义的态度上，我们一方面要老老实实向它们学习，学习它们在发展生产力、发展科学技术、组织社会化大生产和企业管理等方面积累的宝贵经

① 《马克思恩格斯文集》第5卷，人民出版社2009年版，第871页。
② 《马克思恩格斯选集》第1卷，人民出版社1995年版，第277页。

验，另一方面也必须对其制度的腐朽性、剥削性和霸权行为有足够的、清醒的认识，并根据不同的情况实行正义的、科学的“两手”斗争策略。只有这样，才有利于社会主义和人类进步事业的发展，最大限度地推动历史的前进。

社会主义代替资本主义将是一个长期的历史过程。从历史唯物主义的观点来看，社会主义必然取代资本主义。但并不意味着这个取代过程会立即完成。人类历史发展的不同阶段的更替，都不是一蹴而就的，而是一个长期曲折的过程。例如，英国和法国从封建社会向资本主义的过渡，都经过了几次大的反复和曲折，最终才战胜了封建。英国资产阶级革命 1640 年爆发，1649 年建立资产阶级共和国，但很快就出现了克伦威尔的专制。1653 年克伦威尔去世，斯图亚特王朝复辟，查理二世继位。资产阶级和新贵族 1688 年发动宫廷政变，1689 年，议会通过《权利法案》，为限制王权提供了宪法保障。英国前后经过近半个世纪的革命与复辟反反复复地斗争，才最终确立了资产阶级的君主立宪制度。法国大革命从 1789 年 5 月爆发，前前后后经过 80 多年的反复争斗，历经君主立宪统治、拿破仑统治、波旁复辟、法兰西第二共和国、法兰西第三共和国、巴黎公社、直到 1879 年最后胜利，法国的资本主义制度才最终确立。

以前大都是一个剥削社会取代另一个剥削社会，即使这样，也经历了一个长期复杂的斗争过程。社会主义取代资本主义是公有制对私有制的根本否定，也更加需要一个长期的斗争，不可能在短期内完成。所以，社会主义取代资本主义是一个历史必然性与长期曲折性的辩证统一过程。

社会主义取代资本主义具有形式上的多样性。社会主义、共产主义全面代替资本主义的过程、道路和方式，势必要根据新的实际情况进行新的探索。一方面，资本主义社会内部不断地产生着新社会的因素，这些因素从量的积累到引起部分质变再到根本质变，是人类社会更替的辩证法。另一方面，社会革命的本质归根到底是人民大众对更加优越的社会制度的选择。因此，现实的社会主义制度优越性的充分发挥，是在全世界实现社会主义代替资本主义的伟大变革的最重要的条件。所以，中国共产党和中国人民在当代人类历史发展中的最大贡献，就是把中国的社会主义建设好，并同其他社会主义国家一道，使社会主义制度的优越性日益充分地发挥出来，使之成为全世界人民真正向往的社会制度。到那时，社会主义在全世界的胜利就水到渠成了。

2. 正确对待失业问题

我国传统体制条件下不存在失业问题。但在市场经济条件下，失业却成为一个经常现象。社会主义公有制的本质规定，社会的每一个成员都是生产资料的主人，他们可以自主地直接将自己的劳动力与自己的生产资料结合起来从事生产经营活动，并根据自己的劳动贡献获取个人相应的收入。所以，社会主义本质是消灭失业的。那么，对我国客观存在的失业现象该怎样认识？失业问题该怎么解决呢？

形成国有企业职工下岗的原因，主要有以下几种情况：

（1）原有的人口政策和就业体制。众所周知，中国在 20 世纪 70 年代以前实行的是鼓励生育的人口增长政策，这一政策形成了每年数以千万计的人口供给，造成了中国难以承受的人口压力。大量的劳动适龄人口需要工作，而在就业体制上国家基本上采取了城乡封闭的劳动力管理制度。农村劳动力的 95%以上滞留在乡村，城镇劳动力就业基本上实行单一的全民企业计划安排。为了缓解城镇就业的巨大压力，国家于 60 年代实行了城镇青年上山下乡政策。至 80 年代初，农村推行家庭联产承包责任制和多种经营，剩余劳动力涌进城镇，寻找工作机会；上山下乡的城镇知青逐渐返城，使得国有企业容纳的职工人数剧增，加上有关部门规定待业率不能突破 3%，国有企业不得不靠牺牲效率来维持安定，许多富余人员在国有企业内部沉淀下来。这种沉淀，对国有企业来说是可以忍受的，某些企业甚至是乐意接受的。因为，在原体制下，考核企业经营好坏的是一系列计划指标，其中主要是产值和职工人数，根据产值和职工人数的多少来确定企业等级和企业领导的待遇。这种就业配置的结果是企业中隐性失业的大量出现，其实质是企业担负起了本应由政府负担的社会目标，其代价是企业效率和效益的降低。由计划体制向市场体制的转化，重要的一环就是改变企业行为，把企业经营转到追求盈利上来，企业承担的社会目标还给政府去完成。随着国有企业改革的深化，企业中大量存在的富余人员逐渐显露出来成为失业人员。

（2）失业现象是国有企业经营机制深层次矛盾多年积累的结果。重复建设一方面是由于短缺经济的牵引所致，另一方面是由于投资主体错位引起。大家热衷于上项目、铺摊子。前几年，不单是房地产热，各行各业都热，只要看到市场上有一种产品赚钱，各地就一哄而起。结果产业结构、产品结构低水平趋同化，市场供过于求。有些项目上时信息不灵，技术含量不高，缺乏前瞻性，建成投产之日就是产品滞销之时。加之原有的投资体制中投资失误的责任不清，更造成了重复建设的有增无减。致使许多工业产品的生产能力在60%以下，一些企业只好减产，甚至停产关门，这样，失业就不可避免。另外过去我们新建的企业大都没有资本金，全靠银行贷款，投产后企业难以还本付息，往往陷入困境，没有效益。以前企业开不了工资，可以向银行贷款，现在不行，银行独立经营了，企业无力支付，只好停发、欠发工人工资。

（3）失业是我国产业结构调整所出现的必然现象。一般来说，当经济处于高速发展阶段时，一定伴随着产业结构的快速调整。改革开放以来，中国经济高速增长，创造了举世瞩目的经济增长奇迹。从1978年到2016年的三十多年里，我国国内生产总值的年平均增长率为9.5%，速度堪称世界奇迹。中国经济目前正处在新的结构调整阶段，老的产业不断被淘汰，劳动需求逐步下降，这种劳动力结构的变化是正常的，是社会生产力发展规律和产业进步作用的结果，但在一定时期内也必然引起大量的失业人员的出现。

从以上分析可以看出，我国的失业问题不是社会主义制度本身造成的，而是客观经济形势变化、旧体制下多年矛盾积累和市场经济本身运行的结果所致。解决失业问题是政府、企业和个人应负的责任，只有全社会都来重视这个问题，才能得到妥善的解决。我国广大劳动者几十年来为国家经济建设做出了重大的贡献。解决好失业问题，事关广大职工群众的切身利益，事关坚持党的全心全意依靠工人阶级的方针，事关经济发展、社会稳定和国家长治久安的大局。

第一，要保证经济有中高速的增长率。中央政府确定“十三五”时期经济增长为6.5%左右。按经济每增长1个百分点，能增加125万个就业岗位来算，6.5个百分点可增加就业岗位812万个，而实际需要工作岗位在1000万个以上。这就是说，每年约有新增失业者为 188 万人。为此，应该尽快寻找新的经济增长点以促进经济快速发展。当然，我们不能重蹈覆辙，只讲速度而不讲效益，甚至是无效益的速度。

第二，加快中小企业的发展，增加社会就业总量。为了解决就业问题，世界许多国家都采取了大力发展中小企业的政策。美国自 1993 年以来，就业机会的 2/3 是由中小企业提供的，日本制造业从业人员的 78%是在中小企业。我国也应该把放开放活中小企业作为经济改革和经济发展的一个重要目标。在目前条件下，可充分鼓励和支持民营、个体、合伙、合作、股份制等中小企业的发展。国家在贷款、税收、工商登记等方面应给予必要的优惠。通过中小企业的发展，还有利于推动职工通过自谋职业走上市场化的再就业道路。

第三，进一步加快第三产业的发展，提高其吸纳劳动力的能力。从世界各国的普遍经验看，随着资本有机构成的提高，第三产业日益成为吸纳劳动力的主要途径。目前发达国家第三产业就业人员的比重普遍在 70%以上，美国已近 80%。按历年我国三次产业从业人员人数计算，第三产业的就业比重每增加一个百分点，大约可吸纳 70 万人就业。按达到发展中国家的平均水平计算，目前还至少有 910 万人的就业容量。在未来三年内，如果我国第三产业的比重每年能多增加 0.3～0.5 个百分点，就可以再多增加 80 万个就业岗位。这种产业结构调整，对缓解我国失业人员的再就业问题，将发挥十分重要的作用。在第三产业中，社区服务和个人服务是一个极有前途的服务行业。当前，我国的社区服务从业人员只占第三产业的 20%，而发达国家一般在 40%～50%。如 1994 年，美国为 48.2%，法国为 50.9%，德国为 50.2%，英国为 44.6%，加拿大为 43.4%。社区管理内容大体有：环境卫生、社区治安、计划生育、疾病防治、流动人员管理、再就业服务、邻里纠纷处理等。个人服务内容更多，如家政服务、保姆、个人用品上门修理与维护、个人医疗保健服务、老年人和病残人员护理，以及其他服务项目。社区与个人服务业门类多，工作灵活，是我国当前大部分失业人员再就业的重要途径。各级政府应采取有效措施将此行业纳入社会正轨就业渠道，例如，组建一些社区或个人服务公司（中心），组织和帮助失业职工在此领域就业。

第四，加快社会保障制度的建立和完善，加快就业法律和法制建设。实施再就业工程，主要是针对我国社会保障体系还不健全，市场就业机制尚不完善的情况下实行的一种过渡性措施。随着市场就业机制的建立和社会保障体系的健全，再就业工程必将为市场调节就业所替代。因此，要加快再就业工程与市场机制的衔接，加快培养劳动力市场。

为此，职工个人应该适应发展市场经济的新形势，尽快转变择业观念：

（1）要破除就业靠国家的依赖思想，树立自主择业的新观念。在社会主义市场经济中，资源配置主要由市场机制发挥决定性作用，劳动力当然也要由市场机制来配置，而不能由国家来包办。企业要面向市场，自负盈亏，国家不能干涉企业的招工行为，也就不能指定哪个劳动者到哪个企业去就业。我们必须树立起就业靠自己去争取，命运靠自己来把握的自主意识，振奋精神，承担起自己工作的责任。

（2）要破除"铁饭碗"的保守意识，树立风险就业的新观念。我们国家有着几千年自然经济的传统，形成了根深蒂固的求稳定怕风险的思想意识。加之我们过去长期实行包就业的政策，职工从没想到过失业，因此，遇到这些问题，就有恐惧感。这种一有工作就端上了"铁饭碗"，保证一辈子高枕无忧有饭吃的观念是不符合市场经济现实的。市场经济中的就业与再就业本身是有风险的，正是这种风险才带来了效率。

（3）树立平等就业新观念。中国特色社会主义的基本经济制度是公有制为主体、多种所有制经济共同发展。非公有制经济是中国特色社会主义市场经济的重要组成部分，包括在个体经济、私营经济、外资经济和各种各样的合作经济中从事劳动、创造社会财富的劳动者，都是中国特色社会主义的经济建设者。要破除把所有制分为高低贵贱的等级意识，树立平等就业的新观念。由于过去国有企业的一统天下和极左的思想影响，在就业上人们存在着"先国营，后集体，死活不愿到个体"的旧观念。目前我国的现实已经表明，包括个体私营外资在内的非公有制经济是我国今后就业的重要领域。我们应该尽快放弃旧观念，放下架子，抹开面子，跳出圈子，放宽就业视野，拓宽就业门路。

参考文献

［1］《马克思恩格斯文集》第5卷，人民出版社2009年版。

［2］《马克思恩格斯文集》第6卷，人民出版社2009年版。

［3］《马克思恩格斯文集》第7卷，人民出版社2009年版。

［4］《资本论》法文版第1卷，中国社会科学出版社1983年版。

［5］《资本论》德文版第1卷，经济科学出版社1987年版。

［6］《马克思恩格斯文集》第2卷，人民出版社2009年版。

［7］《马克思恩格斯文集》第8卷，人民出版社2009年版。

［8］《马克思恩格斯全集》第26卷Ⅰ，人民出版社1972年版。

［9］《马克思恩格斯全集》第26卷Ⅱ，人民出版社1973年版。

［10］《马克思恩格斯全集》第46卷上，人民出版社1979年版。

［11］《马克思恩格斯全集》第46卷下，人民出版社1980年版。

［12］《马克思恩格斯全集》第49卷，人民出版社1985年版。

［13］《马克思恩格斯〈资本论〉书信集》，人民出版社1976年版。

［14］《马克思恩格斯选集》第1卷，人民出版社1995年版。

［15］《马克思恩格斯选集》第2卷，人民出版社1995年版。

［16］《马克思恩格斯选集》第3卷，人民出版社1995年版。

［17］《马克思恩格斯选集》第4卷，人民出版社1995年版。

［18］《资本论》郭大力、王亚南译，上海三联书店2009年版。

［19］马克思:《1844年经济学哲学手稿》，人民出版社1997年版。

［20］《列宁选集》第2卷，人民出版社1995年版。

［21］《列宁选集》第4卷，人民出版社1995年版。

［22］《邓小平文选》第 1、2、3 卷，人民出版社 1994 年版。

［23］《习近平谈治国理政》，外文出版社 2014 年版。

［24］宋涛：《〈资本论〉辞典》，山东人民出版社 1988 年版。

［25］许涤新：《政治经济学辞典》（上中下），人民出版社 1980 年版。

［26］孟氧：《〈资本论〉历史典据注释》，中国人民大学出版社 2005 年版。

［27］黑格尔：《小逻辑》，商务印书馆 1980 年版年版。

［28］卫兴华：《卫兴华经济学文集》（第一卷），经济科学出版社 2002 年版。

［29］卫兴华：《卫兴华经济学文集》（第二卷），经济科学出版社 2002 年版。

［30］卫兴华：《卫兴华经济学文集》（第三卷），经济科学出版社 2005 年版。

［31］张薰华：《资本论》脉络（第二版），复旦大学出版社 1999 年版。

［32］弗·梅林：《马克思传》，人民出版社 1973 年版。

［33］程恩富：《中外马克思主义经济思想简史》，中国出版集团 2011 年版。

［34］顾海良：《百年论争——20 世纪西方学者马克思经济学研究述要》（上中下），经济科学出版社 2015 年版。

［35］洪银兴等：《〈资本论〉的现代解析》，经济科学出版社 2005 年版。

［36］白暴力、白瑞雪：《马克思经济理论》，经济科学出版社 2009 年版。

［37］王天义、王睿：《〈资本论〉学习纲要》，中国经济出版社 2013 年版。

［38］陈征：《〈资本论〉解说》，福建人民出版社 1982 年版。

［39］马健行、郭继严：《〈资本论〉创作史》，山东人民出版社 1983 年版。

［40］鲁从明：《〈资本论〉的思想精华和伟大生命力》，中共中央党校出版社 2016 年修订版。

［41］亚当·斯密：《国民财富的性质和原因的研究》上下卷，商务印书馆 2002 年版。

［42］大卫·李嘉图：《政治经济学及赋税原理》，商务印书馆 1972 年版。

［43］郭大力：《关于马克思的〈资本论〉》，生活·读书·新知三联书店 1978 年版。

［44］宫川彰：《解读〈资本论〉（第一卷）》，中央编译出版社 2011 年版。

［45］胡钧：《〈资本论〉导读》，中国人民大学出版社 2013 年版。

［46］吴易风：《马克思主义经济学与西方经济学》，经济科学出版社 2001 年版。

［47］戴道传：《重新建立个人所有制研究》，安徽人民出版社 1993 年版。

［48］董瑞华、唐珏岚：《〈资本论〉及其手稿在当代的实践与发展》，人民出版社 2013 年版。

［49］姚开建：《马克思主义经济学说史》，中国人民大学出版社 2010 年版。

［50］邱海平：《21 世纪再读资本论》，人民邮电出版社 2016 年版。

［51］林岗：《马克思主义与经济学》，经济科学出版社 2007 年版。

［52］陈岱孙：《从古典经济学派到马克思》，商务印书馆 2014 年版。

［53］周成启、李善明、丁冰：《政治经济学原理的历史考察》，上海人民出版社 1988 年版。

［54］程恩富：《科学认识和发展马克思的劳动价值论》，载于《高校理论战线》2001 年第 9 期。

［55］丁堡骏：《马克思劳动价值论与当代现实》，经济科学出版社 2005 年版。

［56］谷书堂、柳欣：《新劳动价值一元论》，载于《中国社会科学》1993 年第 6 期。

［57］何炼成：《也谈劳动价值论一元论》，载于《中国社会科学》1994 年第 2 期。

［58］胡代光：《评当代西方学者对马克思〈资本论〉的研究》，中国经济出版社 1990 年版。

［59］姜启渭：《创造价值的社会必要劳动时间的两重含义的存在性》，载于《当代经济研究》1997 年第 2 期。

［60］李炳炎：《论社会主义市场经济中的剩余价值范畴及其新的社会形式》，载于《江苏行政学院学报》2003 年第 1 期。

［61］王天义：《第三产业劳动是否创造价值》，载于《人民日报》2001 年 7 月 31 日。

［62］王天义：《对我国现阶段剥削现象的再认识》，载于《理论探索》2001 年第 3 期。

［63］彭腾：《近年来我国剩余价值理论的研究述评》，载于《现代经济探索》2007 年第 11 期。

［64］苏星：《劳动价值一元论》，载于《中国社会科学》1992 年第 6 期。

［65］汤在新：《劳动价值论是市场经济理论的基石》，载于《中国社会科学》1994 年第 6 期。

［66］卫兴华：《三论深化对劳动和劳动价值论认识的有关问题》，载于《高校理论战线》2001 年第 8 期。

［67］晏智杰：《重温马克思的劳动价值论》，载于《经济学动态》2001 年第 3 期。

［68］张宇：《论马克思主义经济学的分析范式》，经济科学出版社 2005 年版。

重要术语索引表

G

H

J

P

Q

R

S